La codependencia

12 pasos para liberarse de la dependencia emocional

BRIGITTE LANGEVIN

La codependencia

12 pasos para liberarse de la dependencia emocional

EDICIONES OBELISCO

Si este libro le ha interesado y desea que le mantengamos informado
de nuestras publicaciones, escríbanos indicándonos qué temas son de su interés
(Astrología, Autoayuda, Ciencias Ocultas, Artes Marciales, Naturismo,
Espiritualidad, Tradición...) y gustosamente le complaceremos.

Puede consultar nuestro catálogo de libros en www.edicionesobelisco.com

*Los editores no han comprobado ni la eficacia ni el resultado de las recetas,
productos, fórmulas técnicas, ejercicios o similares contenidos en este libro.
No asumen, por lo tanto, responsabilidad alguna en cuanto a su utilización
ni realizan asesoramiento al respecto.*

Colección Psicología
LA CODEPENDENCIA
Susanne Hühn

1.ª edición: mayo de 2012

Título original: *Ich lasse deines bei dir
Co-Abhängigkeit, erkennen und lösen*

Traducción: *Rita Argilaga*
Maquetación: *Marta Ribón*
Diseño de cubierta: *Marta Ribón*
sobre una imagen de Fotolia

© 2010, Schirner Verlag, Darmstadt, Alemania
(Reservados todos los derechos)
© 2012, Ediciones Obelisco, S. L.
(Reservados los derechos para la presente edición)

Edita: Ediciones Obelisco S. L.
Pere IV, 78 (Edif. Pedro IV) 3.ª, planta 5.ª puerta
08005 Barcelona - España
Tel. 93 309 85 25 - Fax 93 309 85 23
E-mail: info@edicionesobelisco.com

Paracas, 59 C1275AFA Buenos Aires - Argentina
Tel. (541-14) 305 06 33 - Fax: (541-14) 304 78 20

ISBN: 978-84-9777-841-1
Depósito Legal: B-10.765-2012

Printed in Spain

Impreso en España en los talleres gráficos de Romanyà/Valls S.A.
Verdaguer, 1 - 08786 Capellades (Barcelona)

Fórmula de liberación

Te agradezco todo lo bueno
que he recibido de ti.

Me lo llevo hacia mi futuro
y lo honro.

Y lo que has recibido de mí
te lo puedes quedar para tu futuro.

De aquello que fracasó en nuestra relación
me hago cargo de la parte de responsabilidad
   que me corresponde
y la tuya la dejo enteramente en tus manos.

Y ahora estamos en paz.

Introducción

Sólo sé que nada me pertenece
sino el pensamiento que, sin impedimentos,
fluye de mi alma
y todo momento favorable
que el destino clemente
me permite gozar profundamente

JOHANN WOLFGANG VON GOETHE[1]

Estimada lectora, estimado lector:

¿Crees que este libro es adecuado para ti? ¿Lo necesitas, te será útil? En su insuperable superventas *Las mujeres que aman demasiado* Robin Norwood[2] dice: Si lees un libro de autoayuda y subrayas todos los pasajes que te ayudarían a que el otro al fin te quisiera, entonces este es el libro adecuado para ti. En este caso eres codependiente y deberías

---

1. Poema escrito en el año 1814, con el título de *La propiedad (N. de la T.)*.
2. Robin Norwood: *Las mujeres que aman demasiado*. Ediciones B, Barcelona 2010.

aprender a cuidarte en vez de salvar a los demás o hacer todos los esfuerzos del mundo para que te quieran.

Lo mismo se puede aplicar a este libro, siempre y cuando te atraiga su lenguaje. Si prefieres ocuparte de los problemas de los demás a satisfacer tus propias necesidades, si encuentras más explicaciones para el comportamiento de los demás de lo que a tus mejores amigos les parece aceptable, y si constatas que te preocupas por todo el mundo, pero que estás solo cuando necesitas a alguien, en este caso has encontrado el libro adecuado.

He escrito este libro con la ayuda de nuestros mensajeros luminosos, dado que yo misma he sido codependiente durante mucho tiempo y probablemente aún no esté totalmente curada. Por eso necesito la ligereza luminosa y la claridad de los ángeles para que el amor y el respeto por los demás, pero también por nosotros mismos, puedan seguir su camino.

¿Qué se entiende por codependencia? El término fue utilizado por primera vez para referirse a los familiares de alcohólicos, en el sentido de que también son dependientes. Ser codependiente significa que uno niega sus propios deseos, necesidades y los proyectos vitales para estar a disposición del adicto. Esta pauta de conducta implica todas las mentiras con las que se tapan una y otra vez la adicción de la pareja cara al exterior. El codependiente vive en función de las necesidades de su pareja, de sus padres, de sus vecinos, de la sociedad, de cualquier elemento externo, cuyo bienestar y aprobación aparentemente son más importantes que el propio. Pero también lleva implícitas todas las mentiras del codependiente acerca de sus propias necesidades, la negación de sus deseos y sueños, y una actitud de estar disponible para los demás que es a menudo percibida por el entorno como casi sobrehumana. Las causas para este tipo de conducta son conocidas en la actualidad y pueden ser diversas. Lógicamente, en primer lugar está el niño interno que demanda ser querido. Necesita mantener el control y hará todo lo posible para no ser abandonado, aún a expensas de sacrificarse por los demás hasta la autoinmolación, encubrir, mentir, engañar y convencerse a sí mismo de que está actuando correctamente. El miedo a ser abandonado es siempre tan inmenso que el codependiente prefiere abandonarse que volver a experimentar el dolor de ser abandonado por el otro. De esta forma mantiene al otro dependiente haciéndolo todo por él, lo controla mediante su disposición a estar a merced de sus necesidades y teje la telaraña de un mundo imaginario al que se aferra incluso hasta el aislamiento social total. Se aparta de aquellos amigos que no creen sus mentiras, se esconde en su casa, defiende a ultranza el mundo aparentemente ideal que ha construido. La persona codependiente sólo tiene conciencia de sí mismo a través de su relación con los demás. Apenas tiene importancia si estas relaciones son buenas o malas, lo principal es que exista algún tipo de relación.

La codependencia fue descrita por primera vez por Anne Wilson Schaef en el año 1986.[3] Argumentó que el exceso de consideración y sacrificar la propia vida no eran reacciones normales frente a una persona adicta y definió esta conducta como enfermedad y le puso nombre. La disposición a negar las propias percepciones y a adoptar la forma de pensar y sentir enfermiza de otra persona y reforzarla muestra claramente que algo no funciona correctamente en la mente del codependiente. Poco a poco el término de codependencia fue ampliándose y en la actualidad en los grupos de autoayuda se utiliza más frecuentemente que el de adicción a las relaciones.

Según la definición de Robin Norwood es «la adicción de ser necesitado». El hecho es que se trata realmente de una adicción, ya que los codependientes no pueden dejar de ofrecer a los demás su apoyo incluso siendo conscientes de que les perjudica, de que enferman. La codependencia, además, se asocia a múltiples adicciones a sustancias. Los afectados intentan aliviar el sufrimiento que causa la dependencia mediante un consumo excesivo y descontrolado de comida, alcohol y todo tipo de drogas. Su principal adicción es la relación con el otro y para conseguirla descuidan su relación consigo mismos. En algunos casos la relación con uno mismo ya era muy poco consiste o incluso

---

3. Anne Wilson Schaef. *Co-Dependence: Misunderstood, Mistreated.* (San Francisco, Harper&Row, 1986).

inexistente. Así pues, la relación con el otro viene a sustituir la relación consigo mismo.

¿Te sucede algo parecido? En vez de estar en sintonía contigo mismo, de percibir tus propias necesidades y atenderlas, cuidas a los demás, muy probablemente tal como aprendiste de niño. Posiblemente nunca tuviste la oportunidad de establecer un vínculo sólido contigo mismo, de establecer una relación estable que como cualquier otra relación sana se fundamenta en el respeto, la confianza, la amistad y el amor. Haces todo lo posible para que el otro sea feliz, o al menos para que esté tranquilo, te traicionas hasta ser irreconocible en el intento de darle al otro, lo que la vida aparentemente no le ha dado («aparentemente» porque no conoces nada acerca de su plan divino y no puedes saber lo que le toca en esta vida y lo que no). Intentas satisfacer las necesidades de seguridad, libertad, amor, protección, comprensión de los demás, respetas sus límites pero no atiendes las tuyas propias. Y posiblemente ni tan sólo las percibas.

Quiero enseñarte un camino para que puedas aprender a actuar de otra forma en todas tus relaciones. Te animo a que tengas el valor de encontrar tu propio camino, de empezar por fin a establecer una relación auténtica contigo mismo y estar disponible para los demás en la medida que tu decidas. Por supuesto que puedes querer tanto como desees, pero desde tu propia libertad. No sólo tienes el derecho a decir «Sí» o «No», sino que esto es justamente lo que Dios espera de ti. En este libro te quiero dar recursos para recuperar tu autonomía y mostrarte cómo cuidar de ti mismo sin descuidar a los demás. Obviamente no quieres convertirte en un monstruo egoísta. Pero seguramente tampoco quieres ya servir al ego y a los miedos de los demás, sino vivir de una forma luminosa y amorosa, sentir esa luz y la vida que hay dentro de ti y no sólo a través de la relación con los demás.

¿Cómo puedes saber si eres codependiente? La CoDA[4] (Codependientes Anónimos, la Asociación española de grupos de autoayuda), responsable en España del programa de los Doce Pasos afirma lo siguiente:

---

4. www.coda.org/spanish/sp-preamble.php.

Síntomas de la codependencia

A continuación, algunas características y actitudes típicas de la codependencia:

- Tengo dificultades para identificar lo que siento.

- Me considero totalmente desinteresado y dedicado al bienestar de los demás.

- Me siento avergonzado cuando recibo reconocimiento, elogios o regalos.

- Actúo en contra de mis valores e integridad para evitar el enojo o el rechazo de otras personas.

- Soy sumamente leal y permanezco en situaciones dañinas demasiado tiempo.

- Le doy más valor a las opiniones y los sentimientos de los demás que a los míos y frecuentemente temo expresar mis opiniones y sentimientos cuando difieren de los que manifiestan los demás.

- Tengo que sentir que «me necesitan» para poder tener una relación con los demás.

¿Cómo nos convertimos en personas codependientes? En el pasado, el tuyo personal y el de la historia de la humanidad, nuestra vida dependía realmente del hecho de satisfacer a los seres jerárquicamente superiores. La arbitrariedad con la que se ejercía el poder, la forma indiscriminada con la que se repartían atención, amor y cuidados nos ha enseñado a tener un radar muy fino y nos ha dotado de la capacidad de meternos en la piel del otro para percibir sus deseos y complacerlos para mantenerle satisfecho. No hace tanto tiempo que las personas que vivían en nuestras latitudes pagaban con su vida el hecho de expresar opiniones contrarias a las del poder reinante y esto aún sigue siendo así en muchos lugares del mundo. Siempre y cuando se abusa del poder, es decir que el poder no se pone al servicio del orden divino y del propio corazón sino del propio ego, de la prepotencia y del miedo, la conducta codependiente tiene valor de supervivencia.

Lo opuesto a la codependencia es la autonomía, recorrer nuestro propio camino según nuestras necesidades. Por supuesto que tenemos que estar abiertos a compromisos y concesiones dado que somos seres sociales y vivimos en comunidad. Forma parte de nuestra naturaleza buscar y encontrar soluciones consensuadas.

En la codependencia no se buscan soluciones que satisfagan a ambas partes sino que sólo se busca contentar al otro. Se podría decir que esto es antisocial frente a uno mismo. Lo que pasa es que si nuestra identidad consiste en la relación que tenemos con los demás, no tenemos otra opción. Al depender tanto de la relación con el otro se inicia una dinámica en la que se va perdiendo progresivamente el contacto con uno mismo. Al poner el foco exclusivamente en el otro, nuestra identidad, la sensación de ser nosotros, va desapareciendo y necesitamos cada vez más de esa droga, complacer al otro, aunque de hecho no acabe de satisfacernos.

Siempre, e insisto, siempre que tengas una sensación desagradable, opresiva en el contacto interpersonal y sientas que no puedes decir libremente lo que piensas y sientes, te encuentras en un estado de codependencia. Por supuesto, existen situaciones en las que es más sensato callar que opinar. Lo que importa es que uno tenga la libertad de elección. Se trata de tener la libertad de decidir por uno mismo y autonomía para desarrollar la creatividad. La decisión de callar debe responder a un proceso de elección y no a un fenómeno de parálisis provocado por el miedo a la reacción del otro. Te propongo aprender a seguir en todo momento a tus impulsos. Los auténticos impulsos se reconocen porque se acompañan de una sensación muy vital, llena de fuerza y paz interna. La parálisis, manifestación de la codependencia, va seguida siempre de sentido de culpa, desesperación y rabia.

Hoy en día ya no nos condenan a muerte por seguir nuestro propio camino, somos seres adultos y sabemos cuidarnos. Desde el punto de vista de la historia de la humanidad hace muy poco que disfrutamos de esta libertad. Las mujeres ya no dependen de la arbitrariedad de los hombres, a no ser que tengan por pareja a un psicópata. En este caso sólo hay una salida, el alejamiento total de la persona enferma. Tampoco los hombres dependen ya de los cuidados de las mujeres, han aprendido a manejarse solos en el día a día. Las parejas se constituyen por amor y no por razones prácticas. Esto es muy reciente y podemos disfrutar de ello.

¿Qué dice el Mundo Espiritual acerca de la codependencia?

Al descender a la Tierra decidisteis serviros mutuamente con el fin de vivir vuestras experiencias. Tuvisteis que prescindir de vuestra autonomía para experimentar las consecuencias de las estructuras de poder del perpetrador y de la víctima. Pero los tiempos han cambiado y ha llegado el momento de volver a uniros con vuestro haz de luz y convertiros en creadores. Ya lo habéis aprendido todo sobre las consecuencias del abuso de poder y podéis transmutar estas experiencias en amor. Ahora podéis percibir que los viejos acuerdos de serviros mutuamente ya no tienen vigencia, ha llegado el momento de vivir vuestra propia vida. Todo lo que ha sucedido hasta ahora forma parte de vuestro camino y ahora toca seguirlo según los mandatos de vuestro propio corazón y no de los dictados de otros. Estamos a vuestra disposición y os liberamos de las consecuencias de los acuerdos sellados con amor. Inclinaros ante el destino de los demás, dejad en manos de los ángeles de la guarda todas las cargas ajenas que soportáis. A partir de ahora quedáis libres para acometer una nueva misión. Os esperan nuevas experiencias y para ellas os necesitamos como seres libres y autónomos.

Somos ángeles que hemos descendido a la Tierra y estamos acostumbrados a estar pendientes de los demás. Algunos de los contratos nos comprometían a unirnos en relaciones más estrechas de lo que hubiésemos deseado. No obstante permanecimos en ellas dado que sentíamos que había algo importante que resolver entre ambos. Nos apoyábamos a un nivel superior en el proceso de adquirir la conciencia necesaria. Si estábamos demasiado dispuestos a estar pendientes de las necesidades de los demás, no podíamos seguir nuestro propio camino, pero esto nos ha permitido aprender mucho acerca de nosotros mismos, nuestras conductas y el equilibrio de las energías.

La diferencia entre codependencia y sanación se muestra en lo siguiente:

- En la codependencia me siento bien cuando me quieres.

- Sanado me siento bien cuando me quiero a mí mismo.

- En la codependencia mis sentimientos dependen de que me valores.

- Sanado mis sentimientos dependen de mi autoestima.

- En la codependencia mi tranquilidad y paz depende de tus conflictos.

- Sanado tus conflictos no me afectan porque, aunque me importas no controlas mis sentimientos.

- En la codependencia mi autoestima depende de que resuelva tus problemas y reconozca tus pautas de conducta.

- Sanado mi autoestima se basa en la capacidad de resolver mis propios problemas y el conocimiento de mis pautas de conducta.

- En la codependencia toda mi atención está centrada en gustarte.

- Sanado me gusto a mí mismo a pesar de que pueda no gustarte.

- En la codependencia me concentro en protegerte.

- Sanado me protejo a mí mismo, aunque esto implique dejarte desprotegido; sé que eres capaz de cuidar de ti mismo.

- En la codependencia escondo mis sentimientos manipulándote para que hagas las cosas a mi manera.

- Sanado manifiesto mis sentimientos sin tener en cuenta las consecuencias.

- En la codependencia dejo de lado mis aficiones e intereses, los tuyos son más importantes.

- Sanado cultivo mis aficiones e intereses a pesar de que esto implique pasar menos tiempo contigo.

- En la codependencia te obligo a vestirte, comportarte y mostrarte tal como yo quiero, pues eres mi reflejo en el espejo.

- Sanado dejo que te vistas, muestres y comportes a tu gusto, sin tener en cuenta mis preferencias.

- En la codependencia no sé lo que quiero, te pregunto a ti y sólo soy consciente de lo que tú quieres.

- Sanado no sólo conozco mis deseos y necesidades sino que también los expreso y procuro satisfacerlos.

- En la codependencia mis sueños siempre te incluyen a ti.

- Sanado mis sueños me pertenecen y no necesariamente estás presente en ellos.

- En la codependencia el miedo ante tu rabia determina lo que hago y lo que digo.

- Sanado no pretendo controlar tu rabia y no me condiciona.

- En la codependencia doy para sentirme seguro en la relación.

- Sanado puedo dar cuando me produce alegría pero también puedo no hacerlo, ya que el hecho de dar no es una respuesta frente al miedo o la seguridad.

- En la codependencia me aíslo socialmente cuando estoy contigo.

- Sanado tengo la esperanza de que te entiendas con mis amigos. Si no es así lo comprenderé y lo aceptaré, pero por no los dejaré por ti.

- En la codependencia paso por alto mis propios valores para poder estar contigo.

- Sanado preservo mis valores. Representan el núcleo de mi ser y no puedo prescindir de ellos.

- En la codependencia valoro más tus opiniones y tu manera de actuar que las mías.

- Sanado valoro tu manera de ser y tus conductas pero sin sacrificar las propias.

- En la codependencia mi calidad de vida depende de la tuya.

- Sanado los límites entre tu calidad de vida y la mía están claramente definidos.

- En la codependencia te cuento todos mis secretos y busco intimidad en el primer encuentro, me enamoro sin tener información acerca de quién eres y de qué me puedes aportar y qué quieres de mí.

- Sanado me tomo mi tiempo para profundizar en una relación, no me dejo impresionar por ti y sé reconocer si tus conductas son adecuadas y reacciono de la misma manera.

- En la codependencia asumo automáticamente la responsabilidad de cualquier cosa si no hay nadie más que lo haga y me digo: «Alguien lo tiene que hacer». Y «alguien» siempre resulto ser yo.

- Sanado soy consciente de que tengo elección, ya que entrego la responsabilidad al Poder Superior y tengo plena confianza en que el otro recibirá buenos cuidados, aunque no sean los míos.[5]

¿Te suena todo esto? Si realmente quieres traer la Luz a la Tierra (y ésta es la finalidad de nuestra presencia aquí) necesitas tener una buena relación contigo mismo —ya que tú mismo eres la herramienta con la que tu alma enraizará la Luz en la Tierra. Si no estás en contacto contigo mismo, no puedes traer la Luz a la Tierra. Debes comprender que tu eres la antorcha. Así que prende tu propia luz para que te ilumine a ti y a todos los demás seres. Intentar constantemente encender la antorcha de los demás es un esfuerzo vano e inútil.

Este libro está escrito con la finalidad de recordarte que ha llegado el momento de establecer la relación divina contigo mismo y utilizar tus propios recursos, y que esto te resultará fácil. A continuación describo un ejercicio que puedes realizar en cualquier lugar y momento,

---

5. Extracto del Programa CoDA.

y que te ayudará a recuperar lucidez y autonomía en tus relaciones interpersonales:

El ocho de oro

Siempre que tengas la sensación de ser absorbido por el campo energético de otra persona —tanto si sucede de forma automática, porque el otro se quiere nutrir de tu energía, o bien porque tú mismo quieres ponerte en la piel y en el campo de fuerza del otro—, tienes que imaginarte que estáis unidos por un ocho de oro. El punto de cruce está en medio de los dos y cada uno tiene espacio dentro del ocho. Si vuestros campos energéticos se mezclan, tienes la sensación de perderte y sientes inseguridad. Lo que ha sucedido es que has permitido que ambos estéis dentro de un mismo círculo energético. Si colocas el ocho de forma consciente y precisa, cada uno tiene su propio campo energético bien delimitado y al mismo tiempo estáis conectados. El otro no tiene acceso a tu energía, estás protegido y estable. Además, te proteges a ti mismo de la tentación adictiva de nutrirte de la energía del otro. El ocho de oro también se puede utilizar durante conversaciones telefónicas difíciles, cuando estás en el rol del niño interno o frente a una persona jerárquicamente superior.

La experiencia nos ha mostrado que la energía del ocho de oro es más poderosa que cualquier intento de mantenerte dentro de un círculo, dado que responde a las leyes espirituales de la voluntad interior y de la autonomía, de la conciencia plena y del respeto hacia el otro. Recuperarás tu libertad para tomar tus propias decisiones, aunque el otro intente atarte con todas sus fuerzas. Si notas que tú mismo emites energías para atraer la energía del otro hacia ti y no consigues evitarlo aunque lo intentes, es el momento adecuado para aplicar el ocho de oro. Notarás que vuelves a estar en contacto contigo mismo y que ya no estás dispuesto a establecer relaciones adictivas. De esta forma recuperas la autonomía y la libertad de acción. El ocho de oro se puede utilizar siempre que interactúes con otra persona. Si necesitas reposo, protección o te cuesta defender tus límites, es preferible envolverte en un haz de luz. Si la situación es muy amenazadora es recomendable la distancia física, ¡mantente alejado! Este tipo de protección, claro está, impide la comunicación, por eso debes de averiguar siempre cuáles son tus propias intenciones.

En determinadas situaciones, por ejemplo cuando se coordina un grupo o se da un discurso o una clase, lo adecuado es colocarse bajo un haz de luz.

El ocho de oro no es recomendable en la interacción con grupos. El círculo que no ocupas tu, está destinado a un individuo, nunca a un grupo, dado que se debe respetar la individualidad de los integrantes del mismo. Los individuos de un grupo experimentan sensaciones muy desagradables cuando se les coloca en un mismo campo energético. Por tanto, colócate en tu campo de fuerza y deja que los demás se sitúen a su gusto. Por supuesto, puedes enviarle a cada individuo un haz de luz. Un inmenso haz de luz para todos despierta sensaciones muy agradables. A menudo me preguntan si el ocho no provoca rechazo o dolor en el otro. Te propongo que hagas el siguiente ejercicio:

Escoge una persona para hacer el ejercicio y colócate justo delante de ella. A continuación intenta, de forma consciente, manteneros a los dos dentro del mismo círculo. Mientras, el otro coloca el ocho de oro alrededor vuestro. Compartid lo que percibís mientras estáis dentro del círculo. A continuación se intercambiad las posiciones.

Generalmente, lo que sucede cuando el otro coloca el ocho es que te conectas contigo mismo dado que no puedes acceder a su campo energético. La sensación es de fuerza y bienestar, **no te sientes rechazado dado que el otro está contigo.** No se trata de mantener al otro alejado sino de algo mucho mejor: respetar las leyes espirituales de la autonomía y el derecho de ambos a mantener vuestra libertad, algo que todas las personas experimentan con una sensación vital muy placentera.

¿Porqué llamamos «codependencia» al deseo de estar disponible para los otros y enriquecer sus vidas? ¿No es cierto que curar, servir, estar disponible para los otros es el verdadero sentido de nuestra vida en este mundo? ¿No estamos aquí para aportar Luz y Amor, para ayudar a los demás, para difundir las enseñanzas de la Luz y del Amor?

Hay una diferencia fundamental entre el amor y la codependencia. En el amor respetas la voluntad libre de los demás y la tuya propia; tienes la libertad interior de satisfacer o no las necesidades de los demás, de decir «Si» o «No» sin ningún tipo de problema. Percibes si tu ayuda es deseada o no, y te notas a ti mismo, no te pierdes en el otro. Actúas libremente. En la codependencia las cosas son diferentes. Tus esfuerzos van dirigidos a manipularte a ti mismo y a los demás, no respetas ni tu propio derecho a la autonomía ni el de los demás, estás como programado y no hay manera de parar el programa. Incluso lo proteges intentando no ver las consecuencias de su manera de pensar y actuar y de la tuya, haces oídos sordos a la voz contundente de tu interior, que te dice una y otra vez que ya es hora de dedicarte a ti mismo. Posiblemente ni siquiera seas muy sensible, puede ser que ni te des cuenta de si tu ayuda es bien recibida o no. Puede que también haya un ego espiritual que cree saber lo que los demás necesitan y que se tiene por bastante iluminado (aunque por supuesto no lo reconocería jamás). Cuanto más pensemos que estamos tan capacitados para ayudar a los demás porque hemos aprendido mucho y hemos hecho multitud de cursillos que nos han dotado de recursos para dar soporte a los demás, tanto, más vivimos en la creencia de que tenemos un mensaje tan importante, tanto que todo el mundo TIENE que enterarse de ello. Bien, esto, simplemente, no es cierto. Si alguien necesita nuestros conocimientos vendrá en busca de ellos. Por lo demás, deberíamos guardar en nuestro interior los mensajes sanadores.

Una persona sana nota cuándo necesitan su conocimiento y si llega a los demás. Si lo vas divulgando, dando voces aunque nadie quiera oírlas, es muy posible que te resulte casi inaguantable que el mundo sea como es. Si sufres a causa de la supuesta o auténtica falta de amor de los demás, no les hagas de psicólogo, es mejor que abandones el espacio, al menos el espacio energético en el que tiene lugar esta desatención y falta de amor hacia tu persona.

La codependencia tiende a progresar, es tu enfermedad, tiene vida propia y ha comenzado a emitir mensajes, siempre idénticos. El programa que actúa dentro de ti conseguirá que llegue un momento en el que no necesites estímulos externos para actuar como codependiente, tú mismo te buscarás tus víctimas. Si progresa sucederá que, en cuanto te encuentres bien, sentirás rápidamente la necesidad de llamar a tu madre o a otra persona especialmente indicada para desencadenar todos los mecanismos de la codependencia, con el fin de que tu nivel energético y tu bienestar desciendan en picado hasta alcanzar el tono bajo habitual.

Parece ser que la codependencia no nos permite tener ni un poco de energía para nosotros mismos ni un mínimo de bienestar. Rápidamente le pasamos nuestra fuerza, tiempo, dinero y espacio a los demás, sin tener en cuenta para nada si los otros están dispuestos o interesados en recibirlo.

Cuando empezamos a curarnos, aparecen sentimientos de culpa. Ésta es la forma de manifestarse que tiene la adicción. Si te sientes culpable cuando sigues tus propios impulsos, entonces eres codependiente. No tiene nada que ver que el otro haya contribuido o no a que te sientas culpable. La codependencia destruye las relaciones interpersonales cuando la sensación de culpabilidad y de falta de libertad va aumentando progresivamente, incluso cuando la pareja le deja al otro total libertad. En las auténticas relaciones codependientes, uno le exige al otro que viva totalmente en función de su deseos y le priva de todas sus libertades. Pero también hay relaciones en las que no se dan estas exigencias y uno de los dos se siente igualmente falto de libertad y presionado (¡debido al constante control y al permanente deseo de hacerlo todo de forma perfecta para el otro!).

Puede ser que el otro (en el ámbito de la pareja, del trabajo, con los vecinos) exija un exceso de atención y afecto o que no se dé esta exigencia, que uno teóricamente pudiera sentirse libre. Pero esto no es posible para el codependiente, porque le atribuye a los demás necesidades, sentimientos, reacciones y propósitos inexistentes.

Una persona codependiente no tiene la capacidad de distinguir entre ambas situaciones, dado que vive en su propia película. Si nadie le exige nada, él proyecta sus propias imaginaciones en el otro y reacciona emocionalmente frente a las exigencias que le ha atribuido ficticiamente. Para el codependiente no existe la posibilidad de sentir que sus propias necesidades son adecuadas y que los demás le entienden. Y lo más difícil para un codependiente es imaginarse que pueda satisfacer sus necesidades sin ser castigado, y el castigo siempre es que el otro deje de quererle. Cuando un codependiente sigue, de forma extraordinaria, una sola vez sus propios impulsos, rápidamente siente que ha dejado a los otros en la estacada y que se lo pasa bien a costa de los demás. Hasta el extremo de no darse permiso para divertirse mientras, por ejemplo, la pareja, el padre o algún hermano tienen un problema, incluso aunque no pueda hacer absolutamente nada para ayudarles. Sólo si el mundo entero fuera feliz, el codependiente se sentiría con derecho a ser una persona feliz y realizada.

Vinimos a la Tierra con la decisión de aportar Luz y Amor, incluso a la materia más densa. ¿Qué es lo que ha truncado nuestros planes?

Desde el Reino de los Ángeles nos dicen:

Vuestra condición de ángeles os confiere el deseo de dejar fluir la Luz y el Amor en todas aquellas situaciones en las que son necesarias. Pero hay algo que olvidáis una y otra vez mientras estáis en la Tierra: nosotros los ángeles no encarnados estamos permanentemente inundados de Luz. Todo lo que damos lo tenemos en abundancia y el hecho de dar no nos perjudica en absoluto. El cuerno de la abundancia del Amor Divino fluye a través de nosotros, nos nutre en primer lugar y después a los demás. Y lo que es más importante: no tenemos sentimientos. No notamos ni dolor ni miedo, no nos pode-

mos confundir, siempre somos libres y servimos a la Luz y no a vuestro dolor. Somos Luz, somos Amor, emitimos Luz y Amor, pero no llevamos vuestras cargas. Cuando estáis en la Tierra os olvidáis de nutriros a vosotros mismos, a penas sobrevivís a nivel energético y encima dais a los demás lo que de hecho necesitáis para vosotros mismos. Enfermáis porque lleváis las cargas de los demás. Esto es algo que los ángeles no hacemos. Habéis olvidado lo que es la fuente de la Felicidad y del Amor: la Luz Divina, la vida misma. Cada uno es responsable de su propia felicidad, de forjar su propia vida. Cada persona tiene los recursos para forjar el hierro (la vida) que Dios os ha dado de la forma que deseáis. Y la forjáis mediante vuestras intenciones, vuestros pensamientos y sentimientos pero sobre todo mediante vuestras acciones.

¿Cómo puedes detectar si estás atrapado en estructuras codependientes?

- Tu atención está centrada en las auténticas o supuestas necesidades de los demás, no en las tuyas propias.

- Apenas percibes tus propias necesidades, y si lo haces, las cuestionas inmediatamente.

- No distingues si las exigencias y deseos que te plantean los demás son adecuados o no.

- Si el otro no te pide nada, te sientes inseguro e intentas averiguar lo que espera de ti.

- (Debido a que has dado más allá de tus fuerzas) sientes una rabia interna frente a todo aquel que parece esperar algo de ti.

- Y, por supuesto, no sabes decir «No». En caso de que a pesar de todo lo hagas, te pasas horas dando explicaciones acerca de por qué dijiste «No» y te sientes culpable.

Defiendes (una y otra vez) ante los demás las razones por las cuales está justificado que tu pareja, tu amigo u otras personas te tratan mal y lo(s) proteges aunque no sea adecuado a la situación. Los presentes reaccionan con extrañeza, desgana o sorpresa y notan que hay algo que no va bien pero tu no estás dispuesto a escuchar su punto de vista ni a reflexionar.

¿Porque se considera que la codependencia es una adicción? Debido a que estás enganchado y falto de libertad de elección, independientemente de lo que pase a tu alrededor. No importa si alguien te exige algo o no, estás metido en tu pensamiento circular. Los síntomas de este círculo son sentimientos de culpa, presión, inseguridad, una extrema tensión física y emocional y el deseo consciente o no de poder controlar tu vida, dado que lo que haces es dejar una y otra vez el control de tus decisiones en manos de otros. ¡Y esto es totalmente independiente de si el otro quiere este poder o no! Esto ya merece ser considerado una conducta adictiva ¿o no?

En la adicción nos encontramos en un estado en el que no podemos cambiar por mucho que queramos. A pesar de lo mucho que sufrimos, caemos una y otra vez. Siempre reaccionamos de la misma manera a pesar de que ésa no es nuestra intención. Es como si nuestra voluntad estuviese paralizada o desconectada. Da la impresión de que necesitamos dejarnos controlar por los demás, perder nuestra autonomía, y de hecho es así.

¿Y en qué nos beneficia esta conducta? Recordemos que apenas nos percibimos y que sólo somos conscientes de nosotros en la relación con el otro. Eso lo explica todo. Cuando estamos absortos en la relación con el otro, no notamos lo perdidos que nos sentimos ni la absoluta falta de luz en todos los ámbitos de nuestra propia energía. Sentimos el dolor de heridas muy antiguas que queremos sanar, pero en vez de dedicarnos a nosotros mismos y a curarnos, volvemos a abrir la herida como si sólo existiésemos en el dolor, el abandono, el hecho de no recibir amor ni atención. Nos percibimos a través de la carencia porque es lo que conocemos mejor. El dolor provocado por el abandono es la prueba de que estamos vivos. La finalidad de este libro es recordarte tu misión, tu propio camino, tu luminoso haz de energía y ofrecerte la posibilidad de tomar este camino.

Los doce pasos

Si te sientes aludido y necesitas ayuda puedo poner a tu disposición la caja de herramientas más útil que existe en la Tierra y que se puso a nuestra disposición cuando decidimos de forma colectiva convertirnos en seres dependientes.

Primer paso

Admite que has asumido una carga excesiva y que no sabes cómo deshacerte de ella

Por favor reconoce que tus fuerzas no bastan para modificar por ti mismo tu conducta codependiente. Si pudieses, lo harías. Reconoce por favor que has asumido una tarea que no puedes llevar a cabo porque no te incumbe a ti sino a los ángeles y al Poder Superior de los otros.

No, esto no es el típico patrón de pensamiento negativo que tanto temes, esto simplemente es así. Si pudieses dejar de estar disponible para los demás por encima de tus fuerzas, acabarías haciéndolo. ¿Realmente aún estás convencido de que es bondad y amor explotarte a ti mismo y actuar constantemente en contra de tu voz interior? ¿Para qué crees que Dios te la ha dado, y a quién obedeces? A Dios, a tu pareja, a tu madre, a tu jefe? «Bien, a ninguno de ellos» o quizás responderías «Simplemente quiero ayudar a la gente». Pero ayudar ¿a hacer qué? Y además ¿estás seguro que ayudas a los demás si el resultado es que acaban dependiendo de ti? No debes olvidar que cada uno de nosotros tenemos un ángel de la guarda, una misión superior y muchos recursos para llevar a cabo esta misión. Todos tenemos nuestro propio camino y has escogido tener una serie de experiencias. Por supuesto, es demasiado sencillo y cruel denegar a alguien nuestra ayuda sólo porque este ser decidió, a un nivel superior, tener dificultades. No es esto lo que hemos acordado.

Vamos a repetirlo: nuestra misión es dejar que toda la energía creadora de la que disponemos se expanda en la aparente densidad del campo energético de la Tierra. Descendimos hacia la densidad más profunda pero también la forma más determinada y explícita de la expresión de uno mismo y de la vitalidad para generar y crear, para llevar la Luz a la Tierra y para que pueda desarrollarse en ella. No porque la Tierra sea tan importante sino porque todos sabemos y queremos percibir cómo es, cuando la Luz y el Amor se solidifican y adquieren forma. Llevamos la Luz a la Tierra utilizando nuestra fuerza creativa, no permitimos que nos afecten el sufrimiento, el dolor ni la muerte, sino que seguimos creando y nos ocupamos de crear nuestra propia felicidad. El combustible que alimenta el fuego y mantiene la llama con la que forjamos nuestra camino es el Amor, y la confianza en la vida misma y las herramientas que utilizamos para forjar nuestra propia felicidad son nuestra actitud, nuestras intenciones y, sobre todo, nuestros actos.

¿Y qué es lo que sucede? Si forjamos el hierro de otro, el nuestro queda abandonado, porque pensamos que el otro necesita nuestra ayuda. Y es posible que esto sea así, pero ante todo precisan apoyo para aprender a forjar su propio hierro, es decir, su propia vida, y tener autonomía, aunque no lo vean así ni lo entiendan. Y quizás haga falta confrontarlos consigo mismos.

Siempre que te excedas en la ayuda hacia el otro, en contra de tu propia sensación de bienestar interna, siempre que hagas algo para el otro que éste pueda o deba hacer por sí mismo, actúas en contra de los principios espirituales de la autonomía y del desarrollo de uno mismo. Si realmente quieres ayudar, recuérdale al otro que existe la ayuda espiritual y que está a su disposición, muéstrale sus propios recursos y forja tu propia vida de la manera más bella y atractiva que te sea posible, para que los demás vean cómo se hace y que es posible.

Siempre que alguien te maltrate, te desprecie o te haga daño no sólo tienes el permiso de alejarte de él sino que es tu deber. En este caso tu misión no es contribuir a su salvación sino reconocer que has sido herido y pedir ayuda para curarte. Sabes perfectamente que éste es un camino mucho más difícil que seguir invirtiendo energía, amor y fuerza vital en el otro ¿y por eso huyes, no es cierto?

Nos esforzamos y queremos curar nuestra antigua herida, salvando a otra persona o intentando obtener amor de personas que no son capaces de dárnoslo, en vez de ocuparnos de nuestra herida y de nuestro niño interior desvalido. Nos colocamos una y otra vez en la misma situación para obtener ese amor y reconocimiento anhelados y fracasamos siempre. Escondemos nuestra ansia por ser amados incluso ante nosotros mismos y lo hacemos dando más y más energía al otro; nos erigimos en salvadores y de esta manera nos alejamos progresivamente de nosotros mismos –lo que crea una curiosa sensación de fuerza. Es como una especie de anorexia emocional, la que nos impulsa hacia delante. Cuanto menos nos quieren tanto menos nos consideramos merecedores de amor, incluso del propio; cuánto más nos exige el otro, mientras simultáneamente nos muestra desprecio, tanto más le damos, para que por fin se de cuenta de lo valiosos que somos. Bien, conoce exactamente nuestro valor: somos aquello que puede manipular según su antojo y necesidades. Aunque el otro no sea consciente de ello, es la realidad. De esta forma no vamos a obtener ni amor, ni consuelo ni mucho menos curación. Es como intentar saciar la sed con agua salada, y dado que seguimos teniendo sed bebemos aún más agua salada. Sabemos lo que va a pasar, inevitablemente nos vamos a intoxicar, pero no por ello cambiamos nuestra conducta. La codependencia no es una enfermedad sin importancia: nos impulsa a renunciar por voluntad propia a nuestra energía vital. Causa dolores de espalda, todo tipo de infecciones, migraña, anorexia u otros desordenes alimentarios, enfermedades del sistema inmunitario, depresiones, crisis de pánico o un exceso de consumo de alcohol que anestesia nuestra sensación de impotencia y vacío. El primer paso nos ofrece la posibilidad de reconocer que estamos atrapados en esta adicción y que no podemos superarla sólo con nuestras fuerzas (al menos las que hemos conocido hasta el momento actual), aunque lo deseemos vehementemente. Si lo admitimos, podemos reconocer que necesitamos algo nuevo, sano, una energía, una conclusión, un impulso que nos permita salir del círculo vicioso.

El mundo espiritual dice:

¿Nos permitís explicaros algo acerca de vuestra misión? Nosotros, vuestros ángeles de la guarda y mensajeros divinos, procuramos que andéis siempre por el camino espiritual, aportándoos siempre exactamente la energía precisa. Protegemos vuestro espacio pero no de las experiencias que decidisteis vivir, ¡tampoco si éstas son dolorosas! A veces tenéis la impresión de que os fallamos, pero sólo podemos hacer lo que nos permite el campo de energía del alma que protegemos. Todo lo que planeamos se decide junto con el Poder Superior y el Plan Divino, aunque cuando se pone en práctica en la Tierra pueda parecer totalmente absurdo. Es nuestra responsabilidad asegurarnos de que el alma reciba exactamente lo que necesita para poder cumplir con su elevada misión, la del Amor. Aportamos los campos energéticos, ofrecemos la protección que se precisa a todos los niveles, aunque esta protección a veces no es la que esperáis.

Vuestro cometido es seguir los impulsos que recibís de vuestro corazón y sólo estos. Para percibir estos impulsos necesitáis estar muy conectados con vosotros mismos. Estáis llevando vuestra vida por un camino en que esto parece practicamente imposible y habéis convertido la explotación mutua en un arte más o menos sutil. Pero esto no obedece a la leyes de la autonomía ni del desarrollo de la propia energía libre. Y por eso no os sentís bien, sino limitados y sin esperanza. Si ayudáis a alguien que está en contacto con su espíritu (no con su miedo, su ego y tampoco con su niño interior), con empatía y porque habéis tomado la decisión de hacerlo libremente, estáis haciendo algo muy valioso y que causa una sensación de gran bienestar en todas las personas implicadas, aunque desde fuera pueda parecer una carga pesada. Si actuáis en concordancia con el espíritu de cada uno, el Amor os apoyará y os sentiréis con fuerzas, no importa cuán dura sea la tarea. Pero sólo si existe esta concordancia. Todo lo demás dificulta el desarrollo del otro y el vuestro propio. También esto forma parte de lo que queríais experimentar, pero ahora el camino toma nuevos derroteros, os estáis convirtiendo en seres más libres, deseáis tener autonomía y asumir vuestras propias responsabilidades.

No tenéis que aprender a ser autónomos y al mismo tiempo amables, cuando alguien quiere forzaros a entrar en su campo energético, se quiere aprovechar de vosotros de forma consciente o inconsciente. Si necesita amor, atención o protección o quiere ejercer su poder sobre vosotros para sentirse él mismo más fuerte, o incluso si sólo quiere utilizar lo que habéis creado por comodidad o pereza, en todos estos supuestos no es vuestro deber tratarle con simpatía. No tenéis ninguna obligación de aprender a comunicaros de forma agradable con alguien que abusa de su poder o que no actúa de acuerdo a su corazón. De la misma manera que no hay que aprender a bañarse en ácido sulfúrico tampoco hace falta aprender a tratar de forma correcta (según vuestros criterios) a personas con malas intenciones y que entran en vuestra vida con el fin de perjudicaros. ¿Por qué no? Pues, por la sencilla razón de que «tratar de forma correcta» para vosotros sigue significando darle al otro lo que necesita o exige. Y de esta forma os explotáis aún más, cubrís con una capa de color rosa vuestro malhumor, vuestra rabia y vuestro «No» reprimido. Eso no ayuda a nadie.

Quizás ahora os preguntéis «¿Pero de qué están hablando ahora? Es muy fácil opinar cuando uno no está encarnado y no tiene que enfrentarse con su jefe». Esto es cierto, por supuesto. Pero que sepáis, queridos lectores, que nosotros vemos el espíritu maravilloso lleno de luz, pero también vemos las intenciones de los seres humanos, tanto las conscientes como las inconscientes, que os quieren atar. No son pobres víctimas sino perpetradores, a pesar de que puedan no tener conciencia de ello. Vuestro sano instinto de supervivencia no ve el peligro debido a que habéis sido programados para ser amables y para el autoengaño. ¿Es cierto? ¿Notáis este poderoso impulso agresivo cuando alguien quiere usurpar vuestro espacio? ¿Percibís el «No» antes de satisfacer el deseo del otro sonriendo, mientras apretáis los dientes con rabia? Un auténtico creador descubre las intenciones del otro con tranquilidad y con amor, pero no entra en su juego de poder. Igual que un alcohólico abstemio no toca la botella de vino que tiene

delante, un auténtico creador simplemente dice «No» a las deman-
das inadecuadas (y éstas son todas las que se piden presionando),
mientras ocupa su propio centro y se siente libre y conectado consigo
mismo. Una cosa tiene que quedar bien clara: todo aquel, sin excep-
ción, que quiere utilizar vuestra energía en contra de vuestro consen-
timiento explícito es un perpetrador, un ladrón de energía, aunque
desempeñe a la perfección el papel de necesitado. El espíritu del otro
pide a voces ser confrontado consigo mismo, para poder explorar las
propias fuerzas, y si realmente queréis hacerle un favor, entonces
mostrad claramente vuestros límites, desenmascarad sus intenciones
con claridad y amor. «Sé que necesitas algo pero yo no te lo puedo
dar» es una frase que trata al otro con dignidad y respeto y que le
reconduce hacia sí mismo. «Veo tu necesidad pero no la puedo satis-
facer». Le muestra al otro que realmente le ves y le das la oportuni-
dad de reconocerse a sí mismo. La mayoría de los ladrones de energía
ni siquiera ven lo grande que es su precariedad emocional —del mis-
mo modo que posiblemente vosotros no percibáis la vuestra. Muchas
personas confunden su necesidad con una sana autoestima: «Quiero
que me des esto y lo otro porque me lo merezco...». Bien, quizás sería
mejor decir: «Llevo una vida feliz llena de Luz y Amor y escojo cuida-
dosamente a las personas con las que quiero compartir mi campo ener-
gético». Tiene realmente una gran importancia que os deis el permiso
de poner los límites de forma adecuada. Antes hemos dichos que no
tenéis que aprender a tratar con ladrones de energía; lo que queremos
decir es que no hace falta que aprendáis a ser simpáticos con ellos. Lo
que importa es aprender a seguir vuestros propios impulsos incluso si os
halláis muy debilitados. El instinto de supervivencia es muy poderoso
y esto os será de gran ayuda. La sanación de la codependencia será
guiada por vuestro propio guardián interno, la parte de vosotros mis-
mos que está dispuesta a todo con tal de protegeros. Posiblemente esté
muy desanimado y acorralado en vuestro interior. Sólo vosotros sabréis
quién lo ha colocado en esta situación. Pero ahora lo necesitáis para
que pueda emerger una fuerza vital alimentada por el campo de ener-
gía terrenal que impulse y alimente vuestro instinto vital. Se halla
dentro vuestro. Y os queremos mostrar esta energía.

Segundo paso

Reconoce que dispones de fuerzas útiles en tu vida

Aprende a reconocer tu animal de poder, tus energías sanadoras, tus ángeles y el orden divino. Ten confianza y experimenta dentro de ti las fuerzas extraordinarias y que te son de gran ayuda.

En una ocasión Jeanne Ruland, chamán y autora de dos libros acerca de los animales de poder,[6] me envió el siguiente texto: «El animal de poder es el consejero personal del otro mundo y más adelante también de éste, dado que progresivamente vamos percibiendo sus señales y su fuerza con mayor claridad. Gracias a nuestro animal de poder somos capaces de hacer cosas increíbles, dado que nos propone soluciones insólitas para nuestros problemas y que no se nos ocurrirían jamás sin su ayuda. El animal de poder representa nuestro instinto y nuestro cuerpo vital, y protege nuestro sistema inmune. Si no está presente, fallan una gran parte de nuestras funciones de autorregula-

---

6. Jeanne Ruland: *Krafttiere begleiten Dein Leben*, (Los animales de poder te acompañan a lo largo de tu vida), Darmstadt 2004 y *Krafttiere und Helfertiere. Weitere Begleiter für Dein Leben*, (Animales de poder y otro animales auxiliadores que te acompañan en tu vida), Darmstadt 2009.

ción y de defensa. Si el sistema inmune está debilitado, somos vulnerables, perdemos nuestra identidad y estamos indefensos. Nos convertimos en víctimas. Si estamos en contacto con nuestro animal de poder tenemos vitalidad y ganas de vivir, y disponemos de un consejero especial para todos los asuntos de nuestra vida. Gracias a él disponemos de independencia, siempre que sigamos sus consejos ¡claro está! Él siempre está dispuesto a ayudarnos».

No sólo es bonito pensar que tenemos un animal de poder que nos acompaña, es también una experiencia muy perceptible y real.

¿Por qué te debilita el hecho de ayudar a alguien en contra de tu voluntad? Míralo desde el punto de vista energético: imagínate que estás relativamente centrado y te sientes bien. Y ahora viene alguien y te pide o te exige algo de forma clara o encubierta, consciente o inconsciente. Lo que pasa a continuación es lo siguiente: momentáneamente abandonas tu propio campo energético y te colocas en el del otro, tal como has aprendido. No haces caso de tu voz interior y de tus impulsos, que te dicen inmediatamente lo que realmente quieres. En cambio abandonas tu campo energético, controlas tu actitud defensiva y reprimes tus agresiones sanas y adecuadas. Todo esto sucede mucho antes de darte cuenta de que te has metido en el círculo adictivo. A partir de aquí vas de mal en peor. Estás situado fuera de tu propio campo energético, intentando satisfacer las expectativas ajenas y controlar la situación, lo que te hace perder aún más energía. Empiezas a sentirte mal y finalmente te das cuenta de que has entrado en el círculo de la codependencia. Pero tu energía ya es tan escasa que no tienes suficiente fuerza para abandonar el círculo adictivo y retomar tu autonomía. Cuando te das cuenta de lo que está pasando ya estas muy debilitado y por eso no puedes salir de la situación.

Si estás presente y notas lo que sucede, puedes cuidar bien de ti a nivel energético, pedir ayuda y mantenerte de una forma consciente dentro de tu círculo de energía. En aquellas áreas en las que estás traumatizado o demasiado condicionado sigues funcionando según las viejas pautas. Hasta que lo reconozcas, estarás atrapado. Por eso necesitas una fuerza que te ayude a salir del embrollo, una energía vital que reponga la que has consumido en esta situación.

Los animales de poder son acompañantes íntimamente unidos a nosotros a nivel espiritual, de una forma parecida a los ángeles de la guarda pero con otro tipo de energía. Ponen a nuestra disposición sus características especiales y, si las aceptamos de forma consciente, nos ayudan en nuestra vida cotidiana. Los animales de poder nos acompañan en el viaje de la vida. Nos dan fortaleza, protección y son consejeros invisibles. Nos trasmiten mensajes del mundo espiritual y de esta forma pueden sernos de ayuda para alcanzar un nivel de conciencia superior. El encuentro con nuestro animal de poder puede ser un acontecimiento crucial en nuestra vida, dado que a muchas personas las conecta con su propia fortaleza y sabiduría. Podemos utilizar su poder, y además no volveremos jamás a tener la sensación de estar solos o indefensos.

La voz de la Gran Alma de los Animales dice:

Estamos aquí y adoptamos todo tipo de formas y energías, y estamos a vuestra disposición. Representamos una parte especial de la Creación, unidos con fuerzas espirituales pero también terrenales. Con toda nuestra fuerza, sabiduría, tenacidad, ligereza y espíritu de lucha estamos a vuestra disposición para cuando nos necesitéis. Siempre estamos presentes, en forma de animales vivos o en forma de nuestros hermanos etéreos a los que conocéis del reino de las fábulas —también ellos son reales, existen, no han sido encarnados nunca y por tanto tienen, a diferencia de muchos de los fuertes hermanos y hermanas como por ejemplo el lobo, el tigre o la serpiente, fuerzas más etéreas, más espirituales. Conocednos y utilizad la fuerza que os ofrecemos. Representamos la parte etérea de la Tierra y servimos al Universo. La Gran Alma de los Animales es un inmenso campo de energía, igualable al de los ángeles. La diferencia es que los animales de poder tienen otros cometidos. Actuamos en los campos de vibración cercanos a la frecuencia de la Tierra y ponemos nuestra fuerza a vuestra disposición. Así se decidió y así sea.

A continuación te propongo una meditación guiada que te facilitará entrar en contacto con tu animal de poder:

El encuentro con tu animal de poder

Te colocas en una posición cómoda. Si quieres puedes ponerte música, por ejemplo de tambores, y a continuación cierra los ojos. Dale permiso para apartarse a tu parte racional para que puedan actuar las energías necesarias. Y ahora vamos a empezar un viaje.

Imagínate una entrada, la apertura de un cueva, un marco de una puerta o un portal elaborado por un ser humano, un arco creado por la naturaleza... Tómate tu tiempo para encontrar la imagen interna con la que te sientas mejor. Atraviesas la entrada y entras dentro de un espacio en el que le pides a tu animal de poder que se muestre. Vacía tu mente de todas los pensamientos referentes al animal que te gustaría tener como animal de poder. Mantente abierto a lo que surja. Puede ser que no te guste en absoluto. Si aparece una imagen de un animal, pregúntale si es tu animal de poder y escucha atentamente la respuesta. Si responde afirmativamente, todo está bien, si responde negativamente pídele que te lleve hacia tu animal de poder. Puede durar un tiempo pero acabarás encontrándolo. Es muy importante que sepas que no importa si te gusta o no. Confía en tus imágenes internas y deja que surjan espontáneamente.

Vuelve a preguntarle «¿Eres mi animal de fuerza?» y espera a ver qué sucede. Y ahora le preguntas cuál es la fuerza especial que tiene para darte y qué quiere que hagas. Le prometes que vas a hacer lo que te ha encargado. Quizás puedas hacerlo ahora mismo. Puede ser que esté herido y necesite tu ayuda, quizás tenga hambre o sed, quizás haya caído en una trampa y puedas liberarle. Ocúpate de que tu animal de fuerza esté bien y nota su fuerza y tu alegría por haberlo encontrado por fin. Deja que te dé fuerza, nota cómo es esta energía especial que pone a tu disposición. Pídele que te ayude a saber decir «No» y a aprender a poner bien los límites. Observa atentamente de qué forma te ayuda. Quizás simplemente te dé fuerza, pero puede que notes una presión o un ligero dolor. Si notas dolor significa que vas en contra de tu energía. Deja que las cosas sucedan por sí solas, se desarrollen a otro nivel, que escapan a tu control consciente. Dale las gracias a tu animal de fuerza y decide utilizar de ahora en adelante su fuerza siempre que notes que la necesitas. Si le das permiso tu animal de fuerza te lo recordará. Para ello has de estar atento. Ahora tienes a tu lado un buen acompañante y un fiel amigo. Ahora puedes salir a través del portal imaginario para volver a estar aquí y en este espacio.

Si no te gusta la idea de un animal de poder puedes pedirle ayuda a un ángel o a cualquier otra fuerza que te resulte agradable. También puede ser una mujer o un hombre salvaje, una energía auténtica y natural que está en contacto muy estrecho con tu instinto de supervivencia. Por supuesto, puedes dirigirte directamente hacia la fuente de toda vida y todo orden, a la Luz o a Dios. Recibirás los impulsos y la fuerza que necesitas para seguir tu propio camino. En el segundo paso se trata de encontrar una fuerza que te ayude cuando tú ya no puedas cuidar de ti mismo. El animal de poder, la mujer salvaje, el hombre salvaje y, lógicamente, el Poder Divino, todos ellos son energías que actúan, pero sobre todo son imágenes que describen energías. Puede ser igualmente útil pedir ayuda a un árbol con el que tengas una relación especial, entrar en contacto con tu planeta de origen o al Dios de los celtas. Todo lo que te aporta fuerza amorosa y vital es bienvenido.

Se trata de que creas que existe esta fuerza y la definas para que puedas confiar en ella y volver a tu propia unión espiritual, una fuerza que te recuerde tu hogar espiritual y te dé la sensación de sostén y apoyo. La forma que adopta esta fuerza no cuenta realmente; tampoco si pertenece a una religión determinada o no, lo importante es que respete las leyes espirituales y de la vida, que sea algo practico, que funcione para ti y que puedas confiar en ella.

Quizás, como muchos de nosotros, ya tengas tu propio Dios, una fuerza espiritual a la que pides ayuda. Observa atentamente si esta fuerza funciona bien en tu vida. ¿O tiene los rasgos de un padre severo o de una madre descuidada? En este caso no es el Amor Divino que te ha acompañado hasta ahora, y quizás haya llegado el momento de buscarte una fuerza que tenga mayor interés en darte amor y vitalidad. (No soy experta en islamismo, en judaísmo ni en otras religiones, por ello tampoco hago ninguna referencia a las mismas. Por favor encuentra una fuerza que concuerde con tus creencias, tu forma de vida, acéptala y dale permiso para ejercer su influencia en tu vida. Pido disculpas si por desconocimiento no he mencionado la creencia en la que tú tienes una fe profunda. Todo lo que te nutre y te da fuerza es válido y a eso me refiero en el segundo paso).

Una característica principal de todas las adicciones es el pensamiento distorsionado. Es posible que no notes que estas atrapado en una estructura codependiente. Intentas complacer a todo el mundo porque estás tan acostumbrado a hacerlo que ni se te ocurre que podrías e incluso deberías consultar tus decisiones con tu Yo Superior. Y justamente por ello, es tanto más importante que te abras para dejar entrar en tu vida una fuerza que te de impulsos claros y concretos. La adicción siempre es como mínimo tan lista como tu razón. Por ello no sirven los argumentos aparentemente lógicos. El pensamiento distorsionado opina y, de forma astuta, le da la vuelta a todos los argumentos. Pero a parte de la mente racional disponemos de otra herramienta que nos muestra si una situación es sana y clara o no: tu sensación certera para lo que está bien y mal. Ábrete pues hacia una fuerza, cree en ella, acepta que existe una energía que te ayudará a distinguir claramente cuándo la respuesta es «Sí» y cuándo es «No». ¿Estás dispuesto a hacer esto para nosotros, para la creación, para el haz de luz y de fuerza que llegará a la Tierra a través de ti?

Y ahora me preguntarás ¿y cómo me abro a ello? Una posibilidad es mediante la oración. Siéntate, cierra los ojos y pide conocer con una fuerza clara, pura, auténtica y conectada con el Poder Superior. No hay que hacer nada más, sólo aceptar lo que se muestra y dejar de lado tus expectativas. Parece más fácil de lo que es en realidad, pero así son las cosas... Pero puedes conseguirlo. El Mundo Espiritual te manda ahora, aquí, en este mismo segundo, un sentimiento, una imagen interna del tipo de fuerza que necesitas.

No pienses que sólo son deseos. Podría ser que tu animal preferido apareciese como animal de poder. Quizás justamente por ello sea tu animal preferido.

Esta meditación te puede ayudar a reconocer tu fuente de fuerza interior:

Tu fuente de fuerza interior

Ponte cómodo y cierra los ojos. Respira profundamente, lleva la respiración hacia el abdomen. Poner la atención en la respiración te ayuda a desconectar y a centrarte en ti mismo, en tus sensaciones corporales, y a controlar tus pensamientos y emociones. Haz unas cuantas respiraciones profundas. Con cada respiración te das permiso para sentirte más libre y expandirte. Nota cómo te vas sintiendo más y más libre, simplemente por el hecho de respirar atentamente.

Ahora, imagínate un lugar en el que te encuentres a gusto y seguro. Puede ser un lugar en la naturaleza, un lugar que conozcas y en el que te sientas especialmente bien, un lugar que hayas visto en una imagen o cualquier otro. Lo importante es que te guste, que te sientas cobijado y libre de ser como eres sin tener que hacer ningún esfuerzo para gustarle a nadie. Imagínate con todo detalle cómo estás en este lugar, te paseas o te sientas en algún sitio. Estás solo y en paz contigo mismo. Nadie te pide nada, no tienes que hacer nada para nadie, estás en contacto contigo mismo, notas tus sentimientos y quizás también tu propio espíritu. De repente, descubres que a lo lejos hay una entrada formada por dos árboles o rocas. Pasas a través de ella. Acabas de entrar en contacto con las fuerzas sagradas del Ultramundo, como la llaman los chamanes.

A una cierta distancia ves una esfera de luz, un campo energético, un ser mágico o un animal. Se acerca lentamente y sientes cómo puedes confiar en ello aunque no sepas lo que es. Tienes la misma sensación que cuando se te acerca tu mejor amigo o amiga, una persona sabia y bondadosa. Notas que este ser te quiere tal como eres, que sólo piensa en tu bienestar, en lo que realmente te conviene y no en lo que los otros opinan que necesitas. Se acerca más y más y notas cómo estás cada vez más relajado. Tomas conciencia de que ahora has encontrado una buena fuerza interior, en la que puedes apoyarte y que siempre estará a tu lado, y de que a partir de ahora le puedes pedir consejo en cualquier momento y situación de tu vida.

Ahora ves con claridad el aspecto que tiene este ser. ¿Es un ángel, un animal o algo que desconocías, algo totalmente nuevo para ti? Su aspecto no tiene importancia, en cambio sí lo que sientes; puedes depositar toda tu confianza en él y sabes que te entenderá y guiará siempre de forma incondicional. Tómate tu tiempo y prueba cómo te sientes al confiarle a este ser los asuntos que te preocupan. También puedes quedarte sentado tranquilamente y percibir cómo te da fuerza y apoyo. Siempre que necesites ayuda para seguir tu propio camino puedes pedírsela a este ser. Te preguntará «¿Es esto lo que quieres?» y te dará la fuerza que necesitas para hacer aquello que sientas que es lo correcto para ti.

Quizás sientas esta energía en el vientre o en el corazón, quizás tengas un pensamiento o un sentimiento. Todo ello es correcto y adecuado, cada persona lo percibe a su manera. Deja que esta energía te inunde, disfruta de la tranquilidad, la fuerza, el consuelo y el amor. Si es un animal, pregúntale qué mensajes y características, qué tipo de fuerza es capaz de poner a tu disposición. Permite que el animal de poder o ser espiritual te llene con su energía. ¿Qué ha cambiado? ¿Sientes que puedes afrontar mejor las situaciones difíciles? Pon atención en la diferencia y decide que a partir de ahora vas a pedir ayuda a tu fuerza interior siempre que lo necesites.

Quédate un rato más en este sitio, descansa, disfruta esta nueva sensación que te aporta tu fuerza interior. Ahora, vuelve a poner la atención en la respiración y poco a poco, a tu ritmo, vuelves a estar presente en el lugar en el que te encuentras. Has encontrado tu fuerza interior, a partir de ahora no te abandonará nunca y estará siempre a tu disposición.

El Poder Supremo que me acompaña mientras escribo mis libros me ha dictado esta carta dirigida a todos nosotros, para que también tú te acuerdes de tus orígenes divinos.

Querido Ser Humano,

Te vemos. Vemos tu camino y nos inclinamos ante tu dolor. Irradiamos Luz, somos los ángeles de la guarda de tu haz de luz espiritual, lo dirigimos hacia ti y hacemos que fluya de forma intensamente luminosa para que puedas sentirlo. Esparcimos pétalos de rosas en tu camino y te recordamos tu misión en la Tierra. Permítenos regalarte un día lleno de alegría y amor. Ahora, en este mismo momento, aumentamos la intensidad del haz de Luz y para que consigas conectar fácilmente con la inconmensurable vitalidad de tu espíritu.

Puede ser que ya no te acuerdes, pero has bajado a la Tierra para cumplir una misión. Dentro de ti arde la llama del Amor, del entusiasmo, del disfrute de la vida. Hoy es un buen día para volver a notar con intensidad esta llama y avivarla si hace falta. Si ya llevas caminando mucho tiempo en la Tierra puede que necesitemos volver a encender esta llama. Prepárate pues para sentir de nuevo el fuego, la fuerza y la energía de tu propia existencia.

Abrimos y mantenemos abierto un espacio y te pedimos que nos facilites el acceso a tu interior haciendo uso de tu capacidad de imaginación. Estamos aquí, de hecho sólo necesitas visualizarnos para que aparezcamos y nos veas. Posiblemente te sea más fácil si utilizas imágenes internas propias.

Imagínate el campo energético de tu espíritu como un campo de fuerza lleno de colores, sonidos, vida, vibrante y lleno de amor. Un haz de luz parte de este campo de energía, atraviesa todas las dimensiones hasta llegar a la Tierra y a tu propio cuerpo. A través de este haz fluyen sin cesar luz, amor, todos tus sueños, deseos y proyectos, todo aquello que eres y que necesitas para que tu encarnación, tu vida en la Tierra, sea exitosa y cumpla los objetivos de tu proyecto espiritual.

Observa atentamente el haz. ¿Cómo lo percibes? ¿Es vigoroso, fuerte, te sientes bien alimentado, te aporta apoyo? ¿En qué parte del cuerpo lo notas, dónde queda anclado? ¿En la cabeza, en el vientre, en el corazón, en la columna vertebral? *Puede ser que fluya a través de un canal de luz y se expanda por todo tu cuerpo. Todas las opciones son correctas pero es importante que notes claramente dónde se ancla el haz de luz. Pide poder notarlo aunque sea una sola vez con toda su intensidad, fuerza, poder y belleza. Esta súplica te permitirá aumentar aún más tu apertura.*

En este mismo momento estamos aumentando el haz. ¿Lo notas? Quizás aumente tu ritmo cardíaco, tu temperatura corporal o notes un ligero cosquilleo —es la energía lo que percibes con mayor claridad y ahora, además, de forma consciente.

A través de este haz estas unido con tu espíritu, es tu cordón umbilical espiritual, a través de él te nutre el campo multidimensional de tu propia fuerza. Y, si nos das permiso, podemos intensificar aun más este haz, abrir tu canal más y más...

Posiblemente hasta ahora te hayas sentido a menudo muy sólo, tenías la sensación de no estar enraizado en ninguna parte y todo te costaba mucho esfuerzo.

Quizás también te sientas unido a tu origen espiritual, a la estrella de la que procedes, por un haz muy débil, quizás te preguntes por qué decidiste bajar a la Tierra. Esta peculiar tristeza que notas es nostalgia de tu hogar espiritual.

¿Y cómo es posible que pienses que no eres la Luz, energía vital llena de vigor y creatividad? Por favor intenta cambiar la perspectiva, no te veas como este ser humano con el que te identificas, obsérvate con el campo de fuerza inagotable de tu espíritu, la expresión pura de alegría y amor. Por favor, permítenos darte la sensación de lo que eres, una fuerza inagotable. ¿Te puedes imaginar que sólo te sientes tan débil y culpable porque has olvidado por completo quién eres en realidad? ¿Y que esta culpa se disolverá en el acto cuando a vuelvas a experimentar y sentir quién eres, no cuando lo pienses con tu mente racional sino cuando lo sientas con cada célula? Todas las personas y seres llenos de fuerza y alegría, también la propia fuerza creativa, reaccionan ahora, en seguida y no al cabo de tres días ante cualquier impulso. Ahora es el momento de máxima fuerza, energía, la vibración, la onda adecuada. Como un surfista que está pre-

parado y sabe con exactitud cuándo subir a la plancha para tomar la ola, mantente dispuesto ahora para la energía que se quiere mostrar y que eres.

Y ahora que está conectado con el campo de fuerza creativa de tu espíritu pide poder experimentar tu origen astral y sentirte a ti mismo como ser astral, lleno de amor y fuerza luminosa que te aporta un flujo inagotable de energía, toda la que es posible a nivel terrenal. Y es posible que ya empieces a notar un cambio interno: TU ERES el ser astral, y tu dimensión humana es el recurso mediante el que puedes y debes abrirte progresivamente a más y más luz. Siempre que en tu vida aparezca una dificultad, se trata de una tarea destinada a ti, para que permitas que entre más luz en ti con relación a este aspecto problemático. Siempre que el ser astral que eres quiere enviar más luz hacia un determinado aspecto de tu vida, la parte humana se siente en apuros y se bloquea y nos impide actuar. Cada bloqueo es una señal para que te abras justo a este nivel y para que el ser astral que eres pueda atraer más y más amor y fuerza luminosa hacia la Tierra y expresarla. Sólo quiere enseñarte nuevos pasos de baile para que puedas bailar la danza del amor con mayor libertad y ligereza.

¿Qué te parece esto? ¿Aún te sientes culpable? Por supuesto que no. Seguro que ya sólo notas los bloqueos que puedes abrir. Por favor, no pierdas esta visión de las cosas, mantén la conciencia del ser astral. Ahora puedes abrazar cariñosamente tu parte humana, sentir compasión y decirle que es como una vasija para la luz y el amor, y que cuanto más dispuesto esté a abrirse tanto más rápidos y fáciles le resultarán los cambios en el mundo de los humanos.

Te amamos, respetamos y honramos de forma inconmensurable, mucho más de lo que te puedas imaginar, por estar dispuesto a ser el vehículo de la Luz. Que una plenitud, amor y alegría infinitas fluyan a través tuyo hacia la Tierra y que te resulte fácil abrirte sin dificultad y con ligereza.

Con mucho amor

tu propio Yo

Tercer paso

Aprende a confiar en las fuerzas que te apoyan

Disponte a dejar tus asuntos en manos de las fuerzas que te apoyan. «Que se haga tu voluntad», es la frase que a partir de ahora va a determinar tu vida, en concordancia con tu proyecto de vida espiritual, lo que te hace sentir realizado y feliz, y tu misión en la Tierra.

¿Qué es realmente lo que desespera tanto a un codependiente para que se sienta tan atado, tan prisionero de sí mismo, irremediablemente expuesto a los sentimientos y las necesidades de los otros?

Si eres codependiente hay determinadas situaciones en las que no tienes ninguna oportunidad de permanecer dentro de tu propia energía, de sentir lo que realmente quieres, no sabes decir lo que en realidad quieres, piensas o sientes, tu cerebro está como obnubilado. Te hundes en un pozo interior de sentimiento de culpabilidad, desesperación, desaliento, y en la creencia de que tu propio camino le crearía a los demás tanta dificultades, les confrontaría tanto con sus propios miedos, que prefieres renunciar a él. Te apartas de tu propia vibración y caes en la servidumbre de la adicción. Acabas en el lugar opuesto a aquello que representa tu misión en la Tierra. En vez de regalar a los demás tu luz, tu camino parece llevar a los demás a la desgracia, y esto no es lo que deseas. Si tu libertad le duele tanto a los demás, si tus acciones provocan en los demás tanta oscuridad y representan una carga tan pesada ¿cómo vas a darte permiso para seguir a pesar de todo con tu propio camino? Será mejor no hacerlo ¿no? Como si no precisaras ya de suficiente valentía para seguir tu propio camino, encima tienes que liberarte una y otra vez de la prisión de los deseos de los demás, a los que estás atado de forma adictiva. Y no están nunca satisfechos, por mucho que te esfuerces, no te dejan nunca en paz o al menos así es como lo percibes. Además para ti no tiene ninguna importancia si esto realmente es así o son imaginaciones tuyas. El hecho es que resulta muy agotador, consume mucha energía y es un patrón profundamente interiorizado.

Parece ser que la única solución es cambiar radicalmente y dejar todo lo que hasta ahora representaba tu vida. Pero imaginarte esto posiblemente tampoco te acabe de satisfacer. ¿Conoces esta necesidad de huir de todo, la idea de que la dificultad es tan grande que la única solución es abandonarlo todo, no sólo tu país sino incluso el mundo, la vida? Al mismo tiempo dependes tanto de los demás, de su energía, de su amor, su elogio, su aprobación, su atención, que sientes desazón e intranquilidad cuando no la has recibido durante algún tiempo. Ya no te sientes a ti mismo, cuando has estado apartado demasiado tiempo de los cuidados de aquellos de los que dependes e intentas llenar el vacío que aparece dentro tuyo con cualquier cosa. Puede ser que aparezcan sentimientos de culpabilidad, o pienses que necesitas ocuparte de alguien. Y en cambio, el que precisa de contacto eres tú. Muy probablemente resulte que hagas cosas para los demás justo en aquellos momentos en los que estas necesitado para camuflar el agujero de energía dentro de ti.

¡Sin duda alguna, esto también se puede dar en relaciones basadas en mucho amor y potencia común! En estos casos es aún más difícil dejar la relación porque es muy complicado distinguir entre amor y codependencia. Lo único que puedes hacer es estar dispuesto a abandonar tu codependencia y, cuando lo hayas conseguido, valorar la relación.

La parte adictiva ocupa mucho lugar en la relación, por esto es tan difícil de ver qué es lo que fluye de forma estable y autentica entre los dos, porque siempre necesitas algo más o diferente. Es importante que comprendas que tu propia adicción al anhelo[7] *(Sehn-Sucht)* del amor y la aprobación te impiden notar, aceptar y valorar el amor y la aprobación cuando los recibes, debido justamente a tu necesidad desmesurada. Que tu relación de pareja esté unida por un profundo amor no implica necesariamente que seas capaz de mantener una relación estable y sana con el otro, y mucho menos si tú mismo no estas sano y eres codependiente. Todo aquello que puedas aportar para que tus relaciones sean de soporte y estables, es decir, para que puedas dejar de lado tus partes codependientes, hará posible que se produzcan auténticos milagros. Puede que notes que esta relación no es lo que realmente necesitas aunque ames a tu pareja, o que aparezcan oportunidades totalmente nuevas. Recuperas tu propia lucidez interior y puedes distinguir claramente entre lo que te conviene y lo que no.

Amar al otro tal como es ya no implica sufrir de forma heroica por su conducta y tus sacrificios sino que, a pesar de aceptarlo como es, tú decides libremente qué tipo de relación te conviene (justamente porque ya no la quieres cambiar).

Permíteme que te haga una propuesta: ¡Vamos a hacer una excursión a la dimensión de las almas gemelas!

Las almas gemelas

Sucede con cierta frecuencia que nos encontramos con personas con las que nos sentimos profundamente unidas, con las que vibramos en la misma frecuencia, personas que nos producen la sensación de que nos conocemos desde hace muchísimo tiempo. Podrían ser nuestras almas gemelas o personas que tienen heridas parecidas a las nuestras. Si nos sentimos profundamente unidos es muy importante utilizar el ocho de oros para preservar nuestro propio campo energético. Es la única manera de saber en qué se fundamenta esta sensación de unión. Puede

---

7. La palabra alemana *Sehnsucht* (*Sehn-Sucht*) está compuesta por adicción (*Sucht*) y anhelo, deseo, nostalgia (*Sehn*) *(N. de la T.)*.

ser que procedamos de la misma familia de ángeles y nos reconozcamos porque nuestro origen está en el mismo haz de luz, tengamos tareas parecidas y custodiemos el mismo tesoro. A lo mejor fuimos hermanos, padres, hijos o amantes en una vida anterior. Sentimos atracción, amor y unión.

Bien, ahora empieza lo difícil. Pues todo esto no significa para nada que exista un fundamento sólido en el que basar nuestra relación en esta vida. A un nivel espiritual puedes estar unido a una gran cantidad de personas y seres. Esto es totalmente lógico pues somos un sólo todo. No obstante, la forma que adopta esta energía en la Tierra es otro asunto y depende de la misión en esta vida, de lo que queráis aprender y de lo que acordasteis. En el caso de que procedáis del mismo haz de luz es posible que tengáis misiones parecidos y ésta es una razón para no tener una relación demasiado intensa. No os podéis ofrecer ni los retos ni las fuentes de energía nutritiva adecuadas. Así pues, es importante distinguir entre el parentesco de las almas y el amor terrenal. ¡Es tan fácil fundirse y entenderse sin palabras cuando te encuentras con alguien con quien estás unido a nivel espiritual! Pero sobre todo, si eres codependiente deberías de estar muy alerta ya que tienes una gran tendencia a fundirte con los demás. Utiliza el ocho de oro y observa atentamente: no confundas los niveles, intenta percibir a qué nivel, en qué dimensión se produce vuestro encuentro, qué tipo de unión os conviene y a qué fin sirve y dónde puede que haya reminiscencias de una antigua reencarnación que se interpone como una película ante la realidad. No toda alma gemela es una buena pareja para ti y tampoco un buen amigo o cliente. Para que en la tierra una relación sea sana, dé soporte y contribuya al crecimiento personal de ambas personas hace falta que se cumplan bastantes requisitos. El parentesco de las almas no es de las más importantes, sino la disposición de abrirse el uno al otro y andar juntos por el sendero del autoconocimiento y de la transparencia. ÉSTAS son las relaciones en las que podemos crecer. Estar con un alma gemela puede ser una experiencia mágica de profundo bienestar, pero se acompaña de experiencias profundamente dolorosas, según cuál sea el sentido que le hayáis dado a vuestras vidas. El parentesco de vuestras almas puede conducirte a tomar la decisión de romper la relación para seguir tu propio camino y serte fiel a ti mismo.

Sabemos que justamente las personas con las que nos une un parentesco a nivel espiritual están dispuestas a servirnos y ayudarnos en nuestro desarrollo personal. Esto puede suceder de una forma muy dolorosa. A veces, la relación dura sólo días, semanas, dos o tres meses, y después te preguntas, cómo es posible que un amor tan intenso haya desaparecido con tanta rapidez. Se dan casos en los que el crecimiento y la comprensión se dan de forma casi repentina. Se produce el encuentro, os fundís en un amor apasionado, intercambiáis vuestras energías y os separáis con la misma vehemencia con la que os arrojasteis el uno en los brazos del otro. La unión a nivel espiritual sigue indemne pero a nivel terrenal se ha agotado la posibilidad de abriros a otra forma de amor y plenitud. Puede ser que por amor un alma te refleje tu necesidad de amor. Eso os une, pero necesitáis separaros, para que tú puedas encontrar el amor terrenal que necesitas. Eso es lo acordasteis, ayudaros en la tierra. Separándote de esa alma gemela, los dos quedáis libres para seguir vuestro camino, tener nuevas experiencias y cumplir vuestra misión. Es preciso romper con la relación siempre que se tome conciencia de que interferís en el camino del otro, que sufrís al estar juntos y que ninguno de los dos recibe lo que realmente necesita.

Los parentescos entre almas son tan complejos y multidimensionales que es muy importante que cada uno ocupe su propio lugar y no se deje arrastrar por el otro para poder valorar con calma qué es lo adecuado a nivel terrenal. Puedes amar a quien quieras, también a aquellos que no te convienen. No tienes que prohibirte amar. Pero lo cierto es que no todo amor espiritual puede convertirse en una relación amorosa en este mundo. Acoge tu alma en tu corazón, envíale todo tu amor, inclínate ante el camino de cada uno aquí en la tierra y sé consciente de vuestra unión inseparable en otra dimensión, independientemente de que este ser esté o no presente físicamente en la Tierra.

¿Qué es lo que te mantiene prisionero en esta situación que te roba toda libertad y autonomía? Es una pauta complicada de falta de contacto contigo mismo, y las consecuencias que derivan de ello son el miedo, el vacío interior, partes oscuras disociadas de la Luz, dependencia, el miedo del niño interior a ser abandonado, el miedo a no poder tirar adelante solo (lo cual es normal en un niño, dado que los niños dependen a todos los efectos de sus padres). A esto se le suma la misión que asumiste como ángel: proteger a los demás y darles lo que necesitan. Pero la tarea del ángel se limita a dar a los demás la información que necesitan para reconocer y seguir su propio camino y darle la fuerza para hacerlo, pero no para alimentar su ego. Los ángeles brindan ayuda para la autoayuda, elevan el grado de conciencia, cuando les llamas te muestran el camino para aprender a responsabilizarte de ti mismo, vivir en libertad y en el auténtico amor. Cuando llamas a un ángel te declaras dispuesto a ir en busca de tu propia responsabilidad espiritual, dices «Sí» al Creador, que eres tu mismo aunque no seas consciente de ello. Los ángeles siempre responden ante la llamada de un espíritu y, por eso, a veces parece que no te quieran dar lo que les pides. Pero siempre te dan aquello que tu ser superior necesita y considera correcto, incluso aunque conscientemente aún estés esperando que algún otro ser asuma la responsabilidad de tu propia vida por ti. Tú, en cambio, intentas darles a los demás lo que sus limitaciones y su miedo exigen de ti y ésta es la razón por la cual tienes la sensación de que algo no funciona como debería. Y realmente no obedece a las leyes espirituales mantener y reforzar la dependencia entre tú y los demás, actuando desde la negación y en contra de tus sentimientos.

Mientras esta dependencia mutua sirva a tu espíritu y al del otro, aunque sólo sea para explorar este campo de energía concreto, no es que os sintáis bien pero notáis la aceptación interna de esta situación. Percibís que aún no ha llegado el momento, que el acuerdo espiritual es aún vigente. A pesar de la dificultad de la situación, hay un cierto bienestar y un fluir. Pero tarde o temprano va a llegar el momento en el que notarás irritabilidad, rabia, agresividad y que la energía ya no fluye libremente entre los dos. Empezarás a sentir tu «No» interior y cómo va cobrando fuerza. El contrato está caducado, es el inicio de las dificultades porque no sabes cómo hacérselo ver al otro.

Algunas características de la codependencia son la incapacidad de mantener la libertad interna y la transparencia de forma segura y tranquila, las depresiones y el sentimiento de desesperanza. Pierdes la confianza básica en la vida y piensas que sólo existe la posibilidad de la huida y dejarlo todo atrás para liberarte de esta trampa de exigencias y necesidades ajenas y propias. Alguna vez puede que eso sea así, pero la mayoría de las veces no lo es. Y debido a que en esta situación te sientes emocionalmente paralizado necesitas una fuerza poderosa para tener una perspectiva clara de cómo están las cosas.

Ya lo hemos comentado, estas fuerzas pueden ser ángeles o seres del mundo de los chamanes. Ellos tienen una visión clara de todas las energías que actúan en cada momento, ése es su cometido. Tienen la información de lo que se ha planificado y pactado a nivel espiritual y tienen suficiente fuerza y energía para restituir el orden de las cosas. Así pues, siempre que te hayas quedado atrapado en una telaraña tejida de amor, sentido de responsabilidad, miedo y dependencia, pídeles a los ángeles o a un animal de poder que te ayuden a tener una visión más clara. Pedirle ayuda a un ángel, en principio, sólo significa que estás dispuesto a abrirte a una visión superior de las cosas. Eleva tu frecuencia de vibración y te coloca bajo el haz de luz. De esta forma abandonas el campo de baja vibración de la dependencia y vuelves a poder establecer la conexión con tu corazón y encuentras todas las respuestas y la fuerza que necesitas. ¡En tu propio corazón! Si les pides ayuda te guían hacia los espacios luminosos de tu interior, en los que se hallan las indicaciones de qué debes hacer y qué no. Lo que haces no es abandonar tu poder en manos de otros sino que pides que te lleven al lugar donde están anclados tu autodeterminación, tu lucidez y tu responsabilidad espiritual. Tu animal de poder, o aquella energía con la que has entrado en contacto en el segundo paso, te aporta la fuerza vital para pasar de la verdad a la acción, para que puedes contribuir a que esta luz especial vaya esparciéndose y pueda ser eficaz en cada rincón de la Tierra. Así les brindas a los demás la posibilidad de alcanzar un mayor crecimiento espiritual y acercarse un poco más a su propia realidad. Si sigues a tu propia luz te haces un gran favor a ti mismo, a la creación y al espíritu de los demás. Puede que a esto tu le llames «ser egoísta» pero resulta que es justo lo contrario. Si dejas atrás las conductas adictivas, retomas el contacto con tu misión, con la verdad, la claridad, ya que el Orden Divino vuelve a actuar sin impedimentos. (Si no crees en ángeles, chamanes ni en animales de poder y todo esto te suena demasiado esotérico sustituye todos estos seres por el concepto de «poder de autocuración» y «orden natural de las cosas». Nada más lejos de mi intención que forzarte a creer en cosas que no coinciden con tu cosmovisión. Es importante que te sientas libre de encontrar tus propias fuerzas sanadoras con la mayor libertad posible).

Depositar tu vida en las manos de Dios significa reconocer que existe una Fuerza Superior que sabe mucho mejor que tú mismo lo que necesitas, y que también sabe mucho mejor que tú lo que necesitan los demás, es una fuerza que lo controla todo. En el fondo se trata de reestablecer tu relación con el Poder Supremo. Para cada persona esto puede suceder de una forma distinta y depende del concepto que tengas del libre albedrío. Si alguien no sigue las leyes divinas de la libertad, el amor y la responsabilidad, la vida no puede forzarle a hacerlo, pero al final va a pasarle factura. Al final cada uno recibe lo que se merece, concretamente mediante el nivel de conciencia con el que vive y que obedece a determinadas leyes. El que siembra violencia, recoge violencia; el que siembra engaño, recoge engaño. El que elude las responsabilidades de la vida y las suyas propias, el que no quiere desarrollar su conciencia con la consecuente apertura, se quedará prisionero en un mundo minúsculo, estrecho y solitario. Y esto simplemente es así, no se puede hacer nada, pero absolutamente nada, para evitarlo, pues el concepto del libre albedrío es, de todas las leyes que actúan en la Tierra, la mas poderosa. El libre albedrío significa que eres tú quién escoge las energías que van a actuar en tu vida, una y otra vez tomas tus decisiones y te reorientas. Al escoger este libro para confrontarte con tu propia falta de libertad hiciste uso de tu libre albedrío. Tomas la responsabilidad de tu vida y quizás decidas que de ahora en adelante quieres aprender a actuar de otra forma.

¿Y qué es lo que haces cuando absorbes como una esponja todas las energías de tu alrededor, cuando no puedes impedir contagiarte de los estados de ánimo de los demás, si tienes que apartar todas las dificultades porque los campos energéticos de los demás te hunden una y otra vez? A la mayoría de los codependientes les falta una especie de escudo emocional, entramos en resonancia con cualquier vibración con la que nos encontramos, independientemente de si tiene algo que ver con nosotros o no. Es como si nuestra parte emocional fuese demasiado frágil, no tuviese la capacidad de mantener estables sus propias vibraciones. Nuestro campo energético es muy vulnerable a las interferencias. La parte positiva de esto es que somos muy sensibles y receptivos a las emociones de los demás, pero carecemos totalmente de control para mantener nuestra autonomía y la gestión de nuestro estado energético. ¿Si es esto lo que te sucede, qué puedes hacer para remediarlo? Puedes pedir ayuda. Pon tu vida en las manos de Dios y pide que te aporte fuerza para protegerte y poder tener una estructura interior estable que es justo lo que necesitas.

Si necesitas protección te propongo esta pequeña meditación que te ayudará rápidamente:

Ponte cómodo, cierra los ojos y date permiso para descansar. No hay nada que tengas que hacer, puedes relajarte profundamente, todo lo profundamente que puedas en este momento. Ahora imagina que estás estirado dentro de un huevo de oro. La cáscara puede ser dura y resistente o si prefieres puede ser flexible y blanda o quizás sea como una luz con forma de huevo —te la imaginas exactamente tal como tú necesitas que sea. Dentro del huevo hay suficiente espacio y te acomodas a tu gusto para poder descansar bien. Dentro del huevo no te puede molestar nadie, estás a buen recaudo de cualquier cosa desagradable. La cáscara desprende una luz dorada maravillosa. Esta luz fluye a través de ti y desprende fuerza. Fluye con mayor intensidad hacia los lugares donde hace más falta. Tu cuerpo absorbe toda la energía que necesita. Notas cómo te vas relajando, más y más. Respiras tranquilamente y te sientes seguro y protegido. Como una mariposa que esta envuelta en su crisálida mientras se van desarrollando sus alas. Siempre que te sientas agobiado puedes refugiarte dentro de este huevo dorado, es tu refugio personal. Aquí recibes alimento energético para poder crecer y desarrollarte. Ahora, imagínate que tu ángel de la guarda toma el huevo en sus manos de forma delicada y cuidadosa y le transmite todo su amor. Un haz de Luz que procede del Cielo o de la Tierra (lo que te resulte más agradable) fluye hacia dentro del huevo para mantener el aporte de energía y poder desarrollar todo aquello que quieres aportar a la Tierra. Dentro del huevo estás totalmente relajado y protegido frente a estímulos del exterior. Puedes refugiarte aquí siempre que tengas la sensación de estar desbordado o cuando te sientas lejos de ti mismo, cuando tengas la necesidad de aislarte del mundo. La cáscara del huevo puede adaptarse a tus necesidades en cuanto a grosor, tamaño y otras características, puede incluso ser tan fino como una gasa de tul, si sólo precisas distanciarte un poco del entorno. En caso de que estés muy agobiado o desconectado de ti mismo es preferible que su consistencia sea dura y tenga un determinado grosor.

Ahora permanece aún un rato descansando en la posición que has escogido. Cuando quieras puedes volver poco a poco al lugar en el que te encuentras.

Ahora ya sabes que esta cáscara dorada te pertenece, que la llevas contigo en todo momento y puedes hacer uso de ella siempre que lo precises, estés solo o acompañado.

Acerca de la adicción de ser necesitado

¿Cómo nos va a poder ayudar el Poder Divino, si nos hemos implicado y enredado tan profundamente con las necesidades de los demás, si realmente creemos que éstos no van a salir adelante sin nuestra ayuda, pero a nosotros mismos ya no nos apetece estar a su disposición porque su necesidad supera nuestras fuerzas y de forma natural dentro nuestro se empieza a activar un sistema de defensa? ¿Qué es lo que va mal aquí? ¿Cuál es la llave que podemos utilizar?

Quizás hayamos olvidado que no sólo nosotros estamos siendo guiados sino también los demás. También aquel que parece estar totalmente necesitado de nuestra energía tiene un proyecto espiritual, un campo de fuerza propio; Dios también cuida de él. Cada uno de nosotros tiene su guía, su ángel de la guarda. Los ángeles de la guarda de los demás no cuentan con nosotros para realizar su labor. Tampoco somos los ángeles de la guarda de los demás, tenemos nuestro propio destino que afrontar y con eso tenemos más que suficiente. Forma parte de nuestro cometido aprender a mantenernos al margen de los asuntos de los demás.

Atraemos a aquellas personas de nuestro entorno que emiten señales de desamparo y nos relacionamos con ellos porque compartimos el mismo patrón de adicción. No tiene demasiada importancia cuán necesitadas estén realmente estas personas, lo primordial es que nos podamos mostrar serviciales. ¿Y qué hacemos cuando reconocemos que hemos atraído a nuestra amada pareja, amiga o amigo con esta misma energía hacia nuestra vida y ahora resulta que queremos curarnos? ¿Qué hacemos si el otro no está dispuesto a renunciar a su demanda y no quiere recurrir a sus propias fuerzas? Bien, nuestra sanación no depende de que el otro empiece a hacerse responsable de su propia vida, aunque eso nos lo pondría más fácil. Si empezamos a sacar el contenido de la mochila pequeña, mediana o grande y el otro se va haciendo cargo de ello de forma voluntaria, evidentemente resultará de gran ayuda. En cambio si no lo hace, no tendremos más remedio que dárselo al ángel de la guarda del otro de forma interna mediante la fuerza de la imaginación. No está en nuestras manos que el otro aproveche la ocasión para responsabilizarse de su propia vida. En cambio, es nuestro cometido no seguir nutriendo nuestra dependencia de que el otro nos necesite.

Así que si sientes dentro de ti un «No», hazle caso, síguele, aunque no sepas cómo le irá al otro. Ya lo hemos dicho, todos tenemos nuestro guía, si ya no eres la fuente de la cual el otro chupa toda su fuerza, creas una buena ocasión para que Dios pueda abrir en el otro canales nuevos que realmente le nutran. Por experiencia sabes que cuando una puerta se cierra automáticamente se abre otra, aquí sucede igual. Si ya no estás disponible, el otro puede encontrar una solución que posiblemente sea mejor. En tu camino hacia la sanación lo primordial no es que el otro aprenda, pero puede ser de ayuda saber que no le dejas en el fondo de un pozo. También a él le servirá tu curación, pues Dios tendrá esta oportunidad de utilizar otras fuerzas. Nuestra enfermedad, nuestra adicción, es ser necesitados, no la necesidad de los demás, que nos da tantos quebraderos de cabeza y nos puede llevar al borde de una crisis nerviosa (y más allá). La codependencia, como toda adicción, se tiene que tomar muy en serio dado que empeora si no se trata. Puede causar enfermedades orgánicas, depresiones, trastornos de ansiedad e incluso llevar al suicidio. Si escuchas atentamente en tu interior, notarás que esto es cierto, conoces los días en los que todo te supera, en los que ya no quieres existir, en los que la miseria del mundo puede contigo y en los que te preguntas seriamente y con razón qué sentido tiene estar en la Tierra. Ha llegado el momento de retirarte, aislarte y concentrarte en ti mismo. Esta extraña sensación de incapacidad que tienes a veces es un método de defensa de tu propio sistema emocional.

Cuarto paso

Reconoce qué es lo que haces para sentir que no tienes valor

Es sabido que reconocer los propios mecanismos que utilizamos es el primer paso para un cambio favorable: reconoce que te menosprecias una y otra vez, que te juzgas duramente y qué es lo que haces para tener la sensación de que no vales nada.

Existen formas de conducta que conducen a un estado de debilidad y desánimo. La Vida, la Vida Espiritual o la Madre Tierra ya nos puede enviar más y más energía: conseguimos malgastarla rápidamente una y otra vez.

Como todos nosotros, estás en el siguiente dilema: ¿cómo puedes aprender a sentirte libre, luminoso y ligero si tienes que cumplir con una multitud de exigencias, sin contar las tuyas propias? ¿Qué crees esperan de ti el mundo, tu jefe, tu madre, hacienda, tus clientes, tus hijos, tu marido, tu mujer? ¿Qué quiere el Mundo Espiritual, cómo puedes cumplir tu misión, cuál crees es tu proyecto espiritual, cómo vas a llevar a cabo el encargo supremo que todos tenemos (o al menos creemos tener) de llevar la Luz a la Tierra? ¿Lo estas consiguiendo o sientes una y otra vez que estás fracasando?

¿Qué deberías ser, hacer, saber hacer mejor o reprimir? ¿Cómo hablas todo el día contigo mismo? Por supuesto, esto ya los sabes, puedes y debes ser amable contigo mismo, cuidarte, pero vamos a ver si eres real y totalmente sincero contigo mismo ¿lo estás siendo? ¿O son demasiado elevadas las exigencias de los demás y el miedo demasiado grande, el miedo de no tener suficiente dinero, no ser amado, no ser reconocido por los seres humanos y por el Mundo Espiritual? Vives atrapado en una telaraña pegajosa, una red tejida por miedo, exigencias y expectativas de los demás hacia ti, de ti hacia los demás y sobre todo de ti hacia ti mismo.

Te repites: «Soy un ser libre y espiritual, que hace peticiones al Universo, que se manifiesta y medita, que está en plena posesión de sus capacidades espirituales, o al menos en el camino hacia ellas, que conozco al menos una parte de mi proyecto espiritual, que tengo todas la posibilidades de evitar impedimentos energéticos de todo tipo, ¿no debería ser el dueño (o dueña) de mi destino? ¿Para qué me sirven el feng-shui, pedir deseos, soltarme, poner orden dentro y fuera de mí, si al fin y al cabo no controlo nada? ¿Dónde están los ángeles cuando realmente necesito uno?

¿No será que la depresión, el cansancio, la falta de impulso, esta sensación de impotencia, es realmente impotencia auténtica, la impotencia de tu voluntad? Puedes hacer lo que quieras, cuando una cosa no ha de ser, pues no será, no importa cuánto lo hayas deseado. Y, si algo toca, toca, no puedes impedirlo. Las cosas suceden cuando han de suceder y la vida sigue su propio curso.

A nivel humano (¡no en la dimensión espiritual!) somos como una pelota en manos del destino, mucho más de lo que creemos y de lo que nos gustaría. ¿Es así? ¿Hay algo que no hemos entendido bien? No podemos evitar nuestra vida, podemos adaptarnos y eso ya lo hacemos, mejor o peor, pero no tenemos ningún poder sobre lo que acontece, sucede día a día y lo que nos está destinado. Y lo que no nos toca, pues simplemente no sucederá. Podemos y debemos dar este primer paso y unos cuantos más, pero si la vida no viene a nuestro encuentro, no podemos hacer nada para cambiarlo. Creer cualquier otra cosa sería cinismo. Nadie «encarga» al Universo no quedarse embarazada si tu mayor deseo es tener un hijo, tener cáncer o que se te muera un hijo. Decirle a una persona a la que le ha sucedido una desgracia de tal magnitud que es debido a que su actitud no ha sido la correcta, es cruel y además no es cierto. Tenemos acuerdos y un proyecto espiritual. Cierto, podemos cambiarlo, pero esto sucede en otras dimensiones de vibraciones muy altas, no a nivel de los pensamientos y de las acciones. En estas dimensiones tan elevadas entendemos muchas más cosas y hacemos las paces en muchos asuntos, aunque formalmente no parezca haber cambiado gran cosa.

Vamos a repetirlo: obviamente un requisito previo para una vida feliz es una actitud correcta y una forma de pensar, sentir y actuar coherentes para ponérselo más fácil a Dios y a la Vida. Somos creadores y somos responsables de las energías que ataremos mediante nuestros pensamientos, sentimientos y sobre todo nuestras acciones. Esto no es nada nuevo ni ningún secreto, y además es el fundamento de todo. Pero nuestra actitud consciente no es condición suficiente, ésta se encuentra en contextos mucho más amplios y a niveles superiores, en concordancia con aquello que ha sido nuestra experiencia y hemos decidido aprender en las dimensiones superiores. Es una ley espiritual que nuestros pensamientos (que son la expresión de nuestros propósitos conscientes e inconscientes) se realizan, pero no es la única y siempre estará interrelacionada con el resto de leyes espirituales que rigen nuestra vida. Esto es algo que todos sabemos.

¿Acaso no sería mejor que nos dejáramos de todas estas exigencias absurdas y nos abandonáramos al fluir de la vida? ¿Quién determina finalmente cómo debemos ser para que nos quieran, porqué tiene que estar limpia y reluciente la cocina para que nuestras energías puedan fluir libremente? Está claro, dentro igual que afuera, y abajo igual que arriba. Pero eso no lo podemos manipular. Y finalmente es el miedo el que nos mantiene atrapados. Si fuéramos realmente libres entonces no tendríamos el fenómeno «miedo» dentro de nuestra mochila. Entonces sí que podríamos seguir libremente la voz de nuestro corazón, la vida sería tan fácil como un juego infantil, dado que seríamos auténticamente libres. ¿Siempre es el miedo el que nos paraliza? y ¿de qué argumentos disponemos en contra del miedo? De ninguno que sea lo suficientemente convincente, puesto que el miedo tiene razón. Vamos a morir, así de fácil. Vamos a sufrir pérdidas y de vez en cuando nos van a abandonar.

Resulta que no podemos controlarlo todo y eso lo sabemos muy bien. No podemos hacer otra cosa que adaptarnos una y otra vez a lo que nos acontece. Lo repito: SOMOS creadores y nuestra actitud y postura ante la vida son importantes. Esto es incuestionable, lo sabemos todos. Pero eso no impide que acontezcan ciertos sucesos que hemos acordado tener en una dimensión superior. Lo contrario de control (y tomar una actitud interna demasiado intensa es control, pues un impulso claro del corazón es suficiente) es confianza, ¿lo recuerdas?

¿Cómo podemos atrevernos a vivir, levantar la cabeza y estar en la Tierra con toda nuestra vitalidad y ganas de vivir si sabemos lo que nos espera? Justamente en los momentos difíciles necesitamos toda nuestra atención y estar alerta, pero justo entonces preferimos no tener los sentidos tan afinados, ¿correcto? ¿Y cómo vamos a seguir a nuestra energía, a nuestros impulsos interiores si nos tomamos vacaciones a nivel interior justo en el momento en que nos enfrentamos a nuestro jefe o al propietario de nuestro piso? ¿De dónde vamos a sacar tanto valor como para afrontar realmente la vida, ser nosotros mismos, sentirlo todo para poder actuar? El camino que nos aleja de la infravaloración de nosotros mismos pasa inevitablemente por sentir, por estar realmente presentes, por retomar las riendas de nuestra vida y por sentarnos en nuestro trono para reinar en nuestra propia vida. Por decir «No» cuando sentimos «No» y asentir cuando el corazón nos dice «Sí».

¿Y cómo podemos resolver este conflicto, cómo aprendemos a ser los creadores de nuestra vida y al mismo tiempo a dejarnos fluir humildemente con los acontecimientos de la vida? ¿Cómo nos liberamos a nosotros mismos del querer y hacer, cómo entramos en el fluir plácido del dejarse llevar sin perder nuestra fuerza creadora? ¿Nos aportará esto satisfacción? ¿Y para qué tenemos nuestra propia voluntad? Sí, ¿para qué la tenemos, si al final resulta que no genera nada? ¿Y el conocimiento que se supone que tenemos, el que, si espiritualmente estuviésemos a tono, nos permitiría conseguir todo aquello que nos proponemos, que nos impulsa hacia adelante o nos paraliza, pero que jamás nos permite estar relajados? «No puede ser, no existe», dicen muchos libros espirituales, todo depende de la Fuerza Creadora. ¿Eres consciente de la presión bajo la cual te encuentras si no puedes ni siquiera sentirte como víctima a pesar de que te sientes como tal?

Los ángeles nos dicen:

Dejad abiertas estas preguntas y aceptadlas como las preguntas que todo ser humano se hace, dejad de juzgaros en base a lo bien que sepáis manejar estos interrogantes, estos conflictos internos.

Nada de esto es razón suficiente para sentirse paralizado, débil, desmotivado y a la vez agresivo. Son proyectos de investigación, nada más. Es vuestro juicio el que lo dificulta tanto, tenéis que ser siempre brillantes, no ensuciaros nunca las manos, ni equivocaros o fracasar. Sin embargo, es imposible investigar si no os permitís dudar, equivocaros y exponeros.

No hay problema en poneros todas estas preguntas si no os flageláis y juzgáis. Estáis aquí para encontrar respuestas. Pero no podéis aprender a afrontar la vida si os quedáis como paralizados de miedo. ¿De dónde sacáis la fuerza para dar otro paso más hacia adelante, qué es exactamente lo que os paraliza y cómo podéis superarlo? ¿Cómo conseguís salir poco a poco del pozo del autodesprecio?

¿Estáis preparados para emprender caminos nuevos, pasito a pasito, a pesar o mejor dicho justamente debido a vuestro agotamiento? Caminos nuevos que quizás os lleven a un mundo desconocido, hacia una energía más primitiva, llena de vida y al mismo tiempo nueva, a un lugar en el que podréis ser vosotros mismos, sin más. Un lugar en el que no tienen importancia ni siquiera las exigencias que os imponéis vosotros mismos. A pesar de que en este momento no tenéis la más remota idea de cómo alcanzar ese lugar, ¿estáis dispuestos?

Para que esto sea posible vamos a echarles una mirada a las cadenas que aún vamos arrastrando. No parece que tenga mucho sentido ir por la vida sintiéndonos insatisfechos y llenos de autodesprecio. Todos queremos llevar la Luz y el Amor a la Tierra, así que ¡vamos a intentar vivir en la Luz y en el Amor!

El cuarto paso incluye elaborar una lista. Si no te gusta escribir, puedes grabarlo o dibujarlo, o quizás encuentres otra forma de plasmarlo mediante la música, la escultura... Te pido que encuentres una forma de tomar conciencia de tus cargas. ¿Qué es lo que haces para juzgarte continuamente? ¿Qué es lo que no te perdonas ni perdonas a los demás? ¿Y qué es lo que no le perdonarás nunca a Dios ni a la Vida?

El psicoterapeuta y escritor Colin C. Tipping explica en sus seminarios que existen heridas básicas que en mayor o en menor grado hemos sufrido todos los seres humanos. Todos hemos sido engañados, hemos sufrido pérdidas importantes, enfermedades, nos hemos sentido destrozados porque nos han abandonado, nos han juzgado duramente por ser como somos, nos han traicionado, han desvelado nuestros secretos íntimos, hemos sufrido abortos, la muerte de alguno de nuestros hijos, hemos querido suicidarnos, han abusado de nosotros sexualmente, hemos sufrido todo tipo de maltratos, nos han delatado, se han aprovechado de nosotros, hemos sido manipulados y muchas de estas cosas se las hemos hecho nosotros mismos a otras personas. Todos nos hemos sentido en algún momento tan abandonados por Dios que le hemos servido al Diablo y por esta razón ya no nos sentimos merecedores del amor de Dios. (Quizás todo o parte de ello no haya sucedido en esta vida pero sí en otra anterior, si crees en la reencarnación. Si no es así, seguro que has sufrido algunas de estas heridas y las has inflingido a otros). En sus trabajos acerca del perdón radical Tipping escribe, como muchos otros autores, que si queremos sentirnos realmente libres no queda más remedio que aprender a cambiar nuestra actitud hacia todas estas heridas horribles, colocarnos a otro nivel y reconocer la provecho espiritual que nos han aportado. Si nos sentimos muy heridos, esto nos va a parecer totalmente absurdo, a pesar de que sabemos que es cierto. No se trata de que perdones a la persona que te ha herido. Si pudieras, ya lo habrías hecho hace tiempo. Tampoco me atrevo a pedirte que te perdones a ti mismo, sé muy bien que al parecer hay cosas que no sabemos perdonarnos y quizás tampoco debamos, ya que han dañado a otras personas.

Lo que necesitamos es otra perspectiva de las cosas, tenemos que abrirnos para poder reconocer el orden divino y el amor inagotable de nuestra alma, incluso en estos sucesos, porque si no nos quedamos atrapados en ellos. Podemos tomar la decisión de dejar atrás el malestar y alcanzar la serenidad, la paz, aunque de momento no sepamos cómo. Nuestra buena disposición es la llave que nos abrirá la puerta al sosiego, a la paz interior, dado que esta actitud nos permitirá abandonar nuestra principal «arma», el rencor.

Podemos abrirnos e incluso podemos insistir para que se nos den a conocer los secretos de la creación, si nos incumben de forma tan directa, pues es una forma de notar que tenemos un guía. Podemos estar preparados para reconocer cómo actúa el orden espiritual y entenderlo de acuerdo a nuestras posibilidades. Simplemente tomando la decisión de hacerlo, podemos estar dispuestos a estar en paz, todo lo que humanamente seamos capaces, con aquello que la vida nos depara. A nivel espiritual ya ESTAMOS en paz, sobre todo porque no surgen todas estas preguntas. Es a nivel humano que necesitamos consuelo, cuidados personalizados y compasión. (Por eso tampoco te sirve que alguien te diga que estas decisiones las tomaste tú a nivel espiritual, esto no calma tu dolor, más bien lo empeora. «¿Cómo es posible que mi espíritu me traicionara de esta forma, decidiera ponerme en estas dificultades?». Te preguntas con muy buen criterio. Incluso puedes perder la confianza en las decisiones de tu espíritu ya que te inflingen tanto dolor y te acarrean tantas pérdidas. Debemos ocuparnos y cuidar de nuestra parte humana, la que tiene que pasar por todo aquello que antaño decidimos en otra dimensión, de forma luminosa y de acuerdo a la Creación).

Así pues, te animo a que cojas papel y lápiz y empieces ahora mismo a elaborar una lista: ¿qué es lo que no te puedes perdonar en absoluto? ¿En qué ámbitos de tu vida te encuentras totalmente desmotivado, dónde crees que, aunque quisieras, ya no puedes abrirte y volver a confiar? ¿Qué es lo que te ha quitado las ganas de vivir y por qué te condenas tan duramente? ¿Cuándo te abandonó Dios, qué es lo que le reprochas? (Por supuesto Dios no es un ser sino un campo energético que se ordena él mismo. Todo esto suena muy infantil y personal, pero resulta que lo experimentamos de esta manera tan infantil. Por eso tenemos que conectar con las personas que han sido tan profundamente decepcionadas por Dios y la Vida en el punto en que se encuentran y éste acostumbra a estar lleno de sentimientos infantiles.) ¿Cómo te castigas a ti mismo, de qué forma hablas contigo mismo, cómo añades más dificultades a tu vida? Y ¿dónde eres demasiado indulgente contigo mismo, no sigues tus impulsos y prefieres sucumbir a la pereza?

Tendrás tus razones, pero en este paso no te toca averiguarlas. La idea es que tomes conciencia cómo te restas valor y no paras de demostrarte que no eres digno de ser amado. Obsérvate de vez en cuando en el día a día. ¿Cómo hablas contigo mismo? ¿Qué sientes cuando te observas en el espejo? ¿Te das permiso para sentir tus emociones o entra automáticamente en funcionamiento un sistema de defensa despectivo que lo impide, esta indiferencia aparente que se activa cuando empiezas a pensar en los viejos sueños malogrados? ¿Cuándo te premias con «algo bueno», sirve sólo para controlar tu energía o es realmente algo que te nutre y te cuida?

Tú sabes mejor que nadie que el autodesprecio tiene una forma muy sutil de ejercer sus efectos, así que te pido que seas sincero y descubras cómo y dónde te juzgas, justamente porque duele tanto. Al fin y al cabo te juzgas tan duramente cuando temes que lo haga otro, tu padre, tu abuela... o Dios. ¿Qué partes de ti mismo siguen existiendo en el campo energético de la carencia, a qué te aferras con miedo, a pesar de qué sabes o al menos intuyes que así no vas a conseguir tus objetivos?

Hazte estas preguntas y aprovecha el libro, escribe las respuestas ahora mismo en el libro, si no puede que no lo hagas nunca:

- ¿Qué es lo que me reprocho?

_____

_____

_____

_____

_____

- ¿Cuáles son mis fracasos, los verdaderos y los que me tiro en cara injustamente?

_____

_____

_____

_____

- ¿Qué espero de mí mismo? ¿Es adecuado?

_____

_____

_____

_____

- ¿Cómo hago para sabotear mis éxitos una y otra vez? ¿Por qué lo hago, qué sentido tienen estos sabotajes?

_____

_____

_____

_____

Si piensas en una dirección, sientes en otra y actúas en una tercera (no actuar también es una energía activa), es imposible que tengas éxito, es decir lo que tú consideras que sería tener éxito. Si deseas fervientemente tener un novio cariñoso pero no puedes imaginarte en absoluto que exista un hombre que pueda quererte y encima sigues teniendo relaciones sexuales con hombres que no te convienen, sería realmente un milagro que consiguieras ser feliz. Si hace años que quieres desempeñar otra profesión y piensas una y otra vez en el proyecto «nueva profesión» pero al mismo tiempo te dices «Eres demasiado mayor, tonto, ineficaz...» y ni siquiera buscas oportunidades para formarte en esta dirección, ¡Dios no va a poder hacer nada! ¿Cómo va a cumplir Dios tu deseo si no estás dispuesto a implicarte con tus pensamientos, palabras, sentimientos y acciones? Para acercarte a Dios necesitas tener confianza y esto es justamente lo que has perdido. Puedes buscar un nuevo puesto de trabajo con mucha dedicación, presentarte a todas las entrevistas, pero si sientes en tu interior que en el fondo te quieres dedicar a algo totalmente diferente, deberías darte permiso para preguntarte si esta voz interior no te está indicando un camino nuevo, incluso si no sabes qué es exactamente y mucho menos cómo lo vas a resolver económicamente.

¿A qué fin sirve el autosabotaje? ¿A quién eres fiel manteniendo tu infelicidad y tu autodesprecio?

No existe casi nada que no hagamos por amor; incluso la conducta más absurda está motivada por amor y fidelidad (seguramente mal entendidos). Por eso es tan difícil abandonar estas conductas; generalmente no sufrimos por nosotros sino por nuestra madre, nuestro pueblo o incluso Jesucristo. (¿Podremos algún día comprender que finalmente acabó bien? Jesús fue liberado ¿y si no porqué celebramos la Pascua de la Resurrección? No existe ni una sola razón para verlo siempre en el crucifijo. ¿Qué sentido tiene esto? «Ascendió a los Cielos y está sentado a la derecha de Dios Padre». ¿Y si le dejáramos estar sentado allí tranquilamente?). Es casi inconcebible de qué forma el concepto «Mi sufrimiento libera a los demás» está anclado en nuestra vida aunque no seamos conscientes de ello.

Los sacrificios

Podemos purgar los pecados de los demás para compensar a las víctimas por el sufrimiento que les han causado. Podemos inclinarnos ante el destino de las víctimas, y podemos mostrarles que reconocemos la culpa y que estamos dispuestos a purgarla en sustitución del perpetrador. Esto reconcilia a la víctima y equilibra el karma. Esto es lo que hizo Jesús. Pero con esto no nos han dado carta blanca para dejar de escuchar la voz de nuestro corazón, nuestra voz interior, y seguir los mandatos de nuestro ego y necesidad de poder. Esto ha de quedar claro.

Si tu sacrificio está claramente destinado a reequilibrar el karma, entonces hazlo, pero asegúrate de que es realmente útil y de que lo haces con absoluta libertad y desde el Amor. Si te sientes bien haciéndolo, notas paz interior y no sientes que nadie te debe nada, entonces realmente sirve para el equilibrio del karma. Es muy importante que la decisión surja con plena libertad. La codependencia te impulsa continuamente a hacer sacrificios, que no son más que ingresos en una cuenta bancaria, de la que de forma consciente o inconsciente, esperas obtener intereses en forma de amor. Pero resulta que esto no funciona así y que no tiene absolutamente nada que ver con la fuerza y la decisión de Jesucristo.

Observa tu vida y pregúntate a quién le eres fiel viviendo de la forma en que vives. ¿A quién sirves? No quiero disuadirte de abandonar esta fidelidad pero sí hacer que recapacites; quizás habría una vía alternativa. Podrías, por ejemplo, pedir al ángel de la guarda de aquella persona para la cual llevas esa carga tan pesada que la asuma él. No se la devuelves a la persona para quien la llevas, esto no te llevaría a ningún lugar. Aún estas en la creencia de que la carga es demasiado para el otro y no quieres ni puedes exponerle a semejante peso. Pero el ángel de la guarda es capaz de cargar con ello. Deposita la carga en las fuerzas espirituales, los ángeles, el Ser Supremo y, si es tan pesada, en manos del destino.

Y ahora otra pregunta para ti, querido lector, querida lectora: ¿Vives de acuerdo con tus propios sueños, el deseo íntimo de tu corazón, los cuidas y alimentas con amor? ¿Les permites germinar y crecer a su ritmo de la misma forma que un agricultor cuidadoso se ocupa de que su trigo se desarrolle lo mejor posible?

Me temo que no siempre. ¿Estoy en lo cierto? Si durante mucho tiempo tenemos la sensación que nuestros rezos no son oídos, empezamos a dudar de que se haya sembrado algo. Nos rebotamos con cinismo u opinando de forma aparentemente más madura y razonable «Bien, entonces parece que no tenga que ser» o nos aislamos completamente. Si aún sintiésemos que tenemos un guía, quizás podríamos reconocer que nuestro camino es más largo o complicado de lo que habíamos pedido e imaginado. Normalmente, cuando se cumplen nuestros deseos adquirimos un mayor sentido de la responsabilidad, una forma de vida más espiritual, mayor independencia y libertad interior aunque el camino puede ser largo y duro.

Generalmente, antes de que se cumplan nuestros deseos hemos soltado mucho lastre y hemos aprendido mucho, de manera que el deseo cumplido es casi como un efecto colateral, una expresión lógica de todo aquello que hemos recolectado a lo largo de nuestro camino. Incluso cuando notamos que algún deseo no va a ser cumplido en esta vida, hemos aprendido a soltar y recibir regalos maravillosos que nos muestran para qué es útil el no-cumplimiento de ese deseo. Si nos preguntamos qué es lo que REALMENTE necesitamos, nos encontraremos con la respuesta de que se trataba de cosas que podemos desarrollar nosotros mismos y en este punto enlazamos con nuestro proyecto vital. Todo lo que deseamos del mundo exterior es una imagen de la cualidad que queremos desarrollar dentro nuestro y éste es el punto de encuentro entre nuestros deseos y la razón por la que estamos en este mundo.

Volvamos a centrarnos en el tema. Resulta que ya no nos sentimos guiados, que no notamos nuestro cordón umbilical cuando sufrimos pérdidas o vivencias adversas como las que describe Colin C. Tipping.

¿Qué es lo que hacemos nosotros mismos para perder el contacto con nuestro guía? ¿Y qué pasaría si decidiésemos reconocer que sí que tenemos guía, aunque no nos gusten los sucesos a los que estamos expuestos? El niño interior que se ha escondido de forma tozuda y profundamente desanimado en el último rincón porque parece ser que Dios le ha abandonado, necesita a un adulto estable, responsable, que decida y actúe de otra forma. Si el niño interior ya no se puede abrir porque las heridas que ha sufrido son demasiado profundas, necesitamos otra fuerza interna que asuma la responsabilidad para nuestra apertura espiritual y buena disposición.

Esta fuerza también está dentro de ti, es exactamente aquella que hace que estés leyendo ahora este libro y que te anima a coger finalmente ese lápiz, si no lo has hecho aún y confeccionar la lista. Es la fuerza que una y otra vez decide volver a la Tierra, se vuelve a encarnar, aguanta, y que ha decidido no dejarse desalentar hasta que el Cielo y la Tierra estén establemente unidos. El nombre que le quieras dar a esta fuerza y cómo la percibas no tienen mucha importancia, pero ten la certeza de que fluye a través de ti, simplemente porque sin ella no estarías aquí. Y por esto puedes confiar en que actuará en tu beneficio si se lo pides.

¿Cuáles son las situaciones en las que aún te colocas y que te perjudican, en las que notas que disminuye tu nivel de energía? ¿Cuándo sigues el principio de la carencia y no el de la plenitud? ¿Cuándo te dejas llevar por el miedo y el dolor? Intenta distinguir entre las carencias reales y las que percibes como tales. Puede ser que te encuentres en una situación en la que sientas carencias pero que reconozcas que eso te beneficia en otra dimensión, que es el precio que tienes que pagar para alcanzar una meta superior. En ese caso no te perjudica. Te pido que le preguntes a la Fuerza Superior del tercer paso qué opina acerca de ello, si te transmite un haz de luz dorada, aunque en este momento fluya de forma invisible o si te está mostrando la oscuridad, la sensación de carencia y el miedo. Si no estás seguro, o temes no saber distinguir o no querer tomar conciencia de algo, puedes comentarlo con una persona de tu confianza o darle espacio y tomarte tu tiempo. A veces tarda un poco hasta que puedes percibir claramente la energía predominante. Mientras no tengas la certeza es mejor que no actúes, observa muy atentamente y espera. Tapar las cosas no es de ninguna ayuda y tampoco parlotear sin sentido, aunque suene muy espiritual. Además debilita tu confianza en ti mismo. Si sabes que no siempre actúas según tu propia conciencia, estás dando paso a condenarte a ti mismo y, además, los reproches que te haces están en cierto modo justificados. Por supuesto que es difícil, pero es importante que tengas claro cuándo y en qué ámbitos actúas en contra de tu voz interior y a qué responde esta conducta.

Los ángeles nos dicen:

¿No podría ser que os sentís abandonados por Dios porque no seguís sus indicaciones? A menudo os guía de una forma diferente a la que creéis que es la correcta y sobre todo distinta a la que esperabais. Si no sois cien por cien auténticos, no os sentís sostenidos, no notáis el flujo interno con toda su fuerza, y la vida no puede desplegarse dentro de vosotros en toda su amplitud porque no estáis realmente presentes. Ésta es la verdadera causa de vuestra adicción, de vuestro vacío interior, el lugar exacto en el que no notáis la luz interior y, por tanto, tampoco la vida. Se precisa de mucha valentía para ser realmente sincero, más valor del que la mayoría de las personas son capaces de tener. Aceptad que a veces le tenéis miedo a vuestra propia fuerza, lucidez y guía espiritual, aceptad al menos vuestra verdad, aunque a veces no le podáis poner palabras o pasar a la acción. En el tercer paso está descrito cómo podéis pedir ayuda y ser guiados; si lo hacéis, tendréis la oportunidad y la fuerza de defender vuestra propia energía y vuestra manera de percibir las cosas aunque esto signifique poner límites entre vosotros y otras personas.

Te pido que te preguntes de qué forma no sigues a tu guía. Por favor, sé muy sincero y simplemente anótalo en una hoja de papel. ¿Siempre dices «No» cuando quieres decir que no? ¿También en asuntos de poca importancia? (Justamente cuando se trata de cosas pequeñas somos más proclives a ceder, porque no nos parecen esenciales. La suma de las cosas pequeñas a las que accedemos, aunque de hecho no queremos hacerlas, contribuyen a la larga a esta sensación de fracaso, de estar a merced de los demás. Y luego resulta que cuando llegan las grandes decisiones nos extrañamos de que ya no notamos lo que realmente queremos. Somos los responsables de que nuestra brújula interna se haya vuelto progresivamente insegura y poco fiable). Y, ¿te das permiso para hacer aquello que sientes que está bien o te fuerzas, te arrastras a lo largo del día, traspasas una y otra vez tus propios límites? ¿Sientes que eres inútil por el mero hecho de tener límites? Bien, como siempre, es la parte humana la que necesita compasión. Tú como ser espiritual multidimensional y libre no tienes límites. Pero la parte humana tiene un cuerpo físico y necesita gestionar sus energías, lógicamente, precisa de momentos de descanso, momentos de alegría, momentos para trabajar y momentos de intimidad consigo misma.

Un adicto a una sustancia debe abstenerse para el resto de su vida de aquello a lo que es adicto, de la misma manera, tú ya no debes actuar en contra de tus sentimientos y de tu verdad interior nunca más. Aquello que antes no te parecía tan tremendo o que incluso te exigías a ti mismo, ahora actúa de una forma más destructiva, dado que en muchos aspectos de tu vida has adquirido una mayor lucidez. El «Sí» que decías a regañadientes aunque «sólo» se tratara de pequeñeces, destroza tu autoestima porque te dices una y otra vez, unas diez, veinte o cien veces al día, que tus necesidades son menos importantes que las de los demás. A menudo parece que es más fácil «hacer las cosas en un momento de nada» que afrontar discusiones y peleas. Piensas que éstas te desgastan más que si te pones en un momento y haces la faena para el otro. ¡Falso! Sobre todo por el mensaje que te haces llegar a ti mismo y que te deja exhausto. ¿Conoces esa sensación de rabia reprimida? Es totalmente agotadora y a veces ni te das cuenta de ella, hasta que finalmente enfermas físicamente o tienes una depresión.

Quizás te suene esto: sabes todo lo que hemos estado comentando, pero estás muy harto de tener que poner límites frente a las constantes exigencias y expectativas de los demás. Todos estamos hartos de intentar estar a la altura de las expectativas y de las exigencias de los demás. Emigrar o, mejor aún, volver a nuestro planeta de origen nos parece una alternativa muy atractiva. Pero como siempre sólo podemos empezar por nosotros mismos puesto que somos el único campo energético sobre el que podemos influir. Si dejamos de proyectar hacia afuera la imagen de persona adaptada, perfecta en todos los sentidos, si empezamos a mostrar nuestros defectos a los demás sin sentirnos inferiores por ello, entonces el mundo empezará a tener la posibilidad de percibir realmente nuestra existencia.

Es realmente increíble las exigencias y expectativas que la gente proyecta en nosotros por el mero de estar comprometidos con nuestro desarrollo espiritual. Por el hecho de que nuestra capacidad de percepción aumenta paulatinamente y progresamos en nuestro aprendizaje, es especialmente importante poner mucha atención en escuchar la verdad interior. A medida que progresamos en nuestro camino espiritual nos volvemos más sensibles frente al abuso de nuestra energía. Debemos, pues, aprender a asumir de forma valiente el riesgo de parecer cerrados y distantes para cuidar bien de nosotros, y no hay alternativa posible. ¿Pero qué hacemos si sentimos la necesidad de mostrarnos compasivos, cuando notamos las carencias de los demás, que tan bien conocemos y que compartimos en parte, y al mismo tiempo experimentamos la necesidad de descanso, que nuestra energía no quiere fluir hacia el otro porque la necesitamos nosotros mismos? Por desgracia conocemos demasiadas técnicas para abrirnos al otro, volvemos a explotarnos a nosotros mismos. ¿Sabes de lo que hablo? Entonces no es de extrañar que te sientas rabioso, impotente, agotado, víctima y falto de esperanza.

¿Por qué nos pasa esto? ¿Somos realmente ángeles tan altruistas? Sí, por supuesto. Y el ángel que somos es capaz de esto y de mucho más, pero él no se siente sin fuerzas y quemado. Es nuestra parte humana la que podemos y debemos valorar y honrar. Quizás vaya siendo tiempo de que asumamos la responsabilidad frente a nuestra parte humana y tomemos conciencia de que no sólo tenemos un cuerpo sino todo un organismo humano y sensible. Y este organismo tiene límites, a menudo siente que no está conectado con la fuente divina, que necesita compasión, atención y cuidados amorosos. Y en cambio, lo que hacemos la mayor parte del tiempo es explotar nuestro organismo, llevarlo más allá de sus límites.

Te pido que apuntes en tu lista de qué manera maltratas tu parte humana, cómo tu conciencia la ignora, dándole un trato preferencial a la parte espiritual. ¿De qué forma no asumes la responsabilidad de tu parte humana? También eres un ser humano, aunque lleves en tu interior muchas dimensiones humanas, también necesitas que te cuiden, una casa confortable, tranquilidad, tiempo y que te abracen de vez en cuando a lo largo del día.

Esperamos de nosotros mismos realizarnos a nivel espiritual y realizarnos en toda nuestra fuerza y belleza como YO luminoso. Y acabamos desesperados y desanimados porque nos parece que hemos fracasado. Bien, resulta que nos hemos puesto una tarea muy difícil, tenemos esa frecuencia humana que nos es extraña y que a veces duele mucho, así que hacemos todo para no notarla. Justamente cuando necesitaríamos compasión, nos alejamos de nosotros mismos, sentimos rabia y empezamos a ponernos exigentes. Perdemos el contacto con nosotros mismos, ¡pero resulta que éste es el punto donde fluye nuestra energía vital! ¿Cómo sabemos que no son justamente éstos los impulsos los que nos quieren guiar? Si estamos permanentemente insatisfechos e infelices, llenos de rabia y enfado, puede ser que sea una situación que Dios haya creado para que aprendamos a soltar.

Tenemos además todo el repertorio de costumbres malsanas que dirigimos en contra de los demás pero también de nosotros mismos. Dudar, desconfiar, la indecisión, la insatisfacción, los juicios despiadados, el desprecio hacia aquellos que no ponen de su parte, que luchan demasiado duro, que van a la suya... Apunta todo aquello que te crea desosiego en la lista. ¿Por qué? Pues porque en todos estos puntos no estas en paz con la Creación de Dios. No hace falta que lo alabes, pero quizás debas inclinarte respetuosamente ante el camino de los demás. También a través de ellos actúa Dios y no estás en su piel... ¿Entonces se trata de que aceptes todo sin cuestionar nada? Por supuesto que no. Pon tus límites, di «No» de forma clara y audible y cambia aquello en lo que puedes influir. Exige que se respeten las Leyes Divinas. Pero puedes dejar de juzgar e incluso si dices «No», puedes observar con compasión qué es lo que está haciendo el otro y por qué, de qué le sirve, de qué se esta protegiendo. Puedes partir de la base de que tiene un sentido aunque no lo veas o no quieras verlo. (No siempre tenemos que entenderlo todo, podemos, pero no es obligatorio. A veces la necesidad de entender es también una de las muchas conductas codependientes y nos roba demasiada energía). Puede ser que lo que hace el otro sea parte de un gran proyecto, que acaso no entiendas pero que obedece a un fin. Parece como si Dios actuara siempre o nunca, como en el pensamiento único. ¡No es posible que Dios no esté actuando en algún lugar o momento! ¿Cómo sabes qué experiencias ha escogido el espíritu de la persona que tanto te ha alterado, qué parte del Universo está explorando? Incluso puede que sea para que tú no lo tengas que hacer.

La pregunta del cuarto paso es la siguiente: ¿en qué ámbitos sigues la corriente de tu fuerza, aquello que sientes que te nutre y crea bienestar y dónde tu búsqueda te lleva al chute emocional que crea adicción, que puede producir una satisfacción fugaz pero finalmente crea inquietud y te aleja de ti mismo y te confunde? Escribe tu lista y averigua cómo te opones a tu guía, sea por la razón que sea. Te agradezco tu valor.

Quinto paso

Admite ante ti mismo de qué manera te explotas más allá de tus fuerzas

Muéstrate, por favor, con toda tus partes luminosas y con todos tus lados oscuros. Admite ante ti mismo, ante Dios y todas las personas que te explotas más allá de tus fuerzas.

La codependencia es una enfermedad (me gusta esta definición porque no es nuestra culpa ni un fracaso sino algo que puede y debería ser tratado), que cursa con vergüenza, creencias falsas y la negación de las propias necesidades. Nos avergonzamos profundamente por cómo somos, por lo que necesitamos, por nuestras carencias y nuestras demandas. Por el mero hecho de existir. Esta vergüenza es a menudo la causa por la cual no sabemos quiénes somos cuando no podemos ayudar o controlar, es decir, cuando no podemos poner orden en la vida de los demás. Sólo nos notamos a través de la relación con los demás, pero no en relación con nosotros mismos. No tenemos ni idea de por qué alguien pudiera querernos o simplemente caerle en gracia, a no ser que estemos haciendo algo para esta persona. Dirigimos todos nuestros esfuerzos para relacionarnos con el otro y para no poner en peligro esta relación, la cuidamos, asumimos las tareas que claramente debería hacer el otro y procuramos por todos los medios que no se rompa el flujo entre los dos. Lo repito: hacemos esto para sentirnos. Hacia fuera aparentamos fortaleza, no necesitar nada, nos entregamos a los demás de una forma que causa una extraña admiración en los demás (un indicio de que se trate de codependencia es el comentario «No entiendo cómo consigues hacer esto, yo no podría...» o «No entiendo cómo aguantas esto...»; no es una alabanza, es una verdadera pregunta: «¿Cómo y por qué aguantas eso?»). Y en cambio lo único que estamos haciendo es buscarnos a nosotros mismos. Pero dado que cuando conseguimos notarnos sentimos esta herida tan dolorosa, la «vergüenza», volvemos a interrumpir rápidamente el contacto con nosotros mismos.

Si realmente quieres ayudar a los demás, de una forma sana y no codependiente, entonces no estés pendiente de su reacción, permanece en tu centro, sé consciente de ti mismo, haz con amor lo que toca hacer y de paso cuídate a ti mismo. En cambio si estás en una relación dependiente, aunque esta dependencia no ocupe las veinticuatro horas del día, pierdes el contacto con la realidad y dejas de reaccionar de forma adecuada, te sientes como un niño pequeño o como si dentro de ti hubiera un agujero negro que chupa toda tu energía de forma insaciable. Y aquí es donde se manifiesta claramente la diferencia con los ángeles: quieres recibir algo a cambio. ¿Qué es lo que quieres recibir a cambio?

Sí, sí, querido lector, querida lectora, no es nada fácil reconocerlo pero es así, queremos algo a cambio. Por ejemplo reconocimiento y aceptación, como si lo que estamos haciendo para el otro fuese una especie de seguro para ser necesitado, de ser imprescindible para el otro. Que se reconozca nuestra autoridad y no se cuestione si somos competentes o no, recibir cariño, esa mirada del otro que muestra que al menos durante un instante percibe nuestra existencia o la constatación permanente y llena de exigencias de que somos tan importantes para el otro. También aquí actúa la vergüenza porque nos gustaría tanto poder creer que somos todo nobleza, altruismo y bondad. Bien, también somos esto, pero precisamente no lo somos cuando estamos atrapados en una relación codependiente. En la relación codependiente damos porque estamos necesitados. Y porque este dolor insufrible y torturador dentro de nosotros o la oscuridad insoportable, la sensación de que vamos a morir, si no nos sostiene la energía vital y la atención del otro, es realmente terrible, escondemos nuestras intenciones ante nosotros mismos antes de que aparezca este dolor. Es un mecanismo de defensa sano que no podemos controlar conscientemente. Por eso sabemos tan poco de lo que realmente necesitamos. El dolor que llevamos dentro es tan inmenso y nos conecta tan directamente con la muerte que nos debemos aproximar a él con cautela, pasito a pasito. Este dolor es lo que causa la codependencia. Si pudiésemos acceder a él y pedir ayuda para afrontarlo, entonces podríamos curar esta herida tan profunda. ¿Qué la ha causado?, bien esto depende de cada persona y de su biografía. Además sirve de poco saber qué ha causado la herida. Conocer la causa no contribuye apenas en la curación.

Si emprendes el camino de la sanación vas a ir reconociendo poco a poco dónde reside la herida, pues ésta se irá mostrando paulatinamente. De todas formas, lo más probable es que ya lo sepas. ¿Y eso te sirve de algo? Entiendes por qué reaccionas como lo haces, pero no eres para nada capaz de cambiarlo. Así pues, conocer la causa es como tener la llave para abrir la puerta para emprender el camino hacia la curación.

Por supuesto, podemos aprender a darnos soporte, a observarnos o a pedir ayuda desde este espacio tan doloroso dentro de nosotros, pero para eso debemos estar dispuestos y preparados para permitir que emerja. Si no sabes de qué estoy hablando o no estás dispuesto a entrar en ello por razones del todo comprensibles y respetables, y no quieres experimentar tu falta de vinculación con los demás, tu aislamiento, entonces no sabes cuán insoportable y amenazador es penetrar en este espacio, de manera que todas estas reflexiones carecen de importancia. ¿O es de extrañar que hagamos todo, pero todo lo posible para impedir ir a parar a este espacio, que es preferible vivir en la negación de nosotros mismos y existir para el otro, incluso aunque nuestra energía quiere fluir de otra forma y tengamos el «No» en la punta de la lengua? El precio que pagamos es que perdemos nuestro yo, nuestra conexión con la vida, si no lo hacemos, necesitamos de forma apremiante el soporte que nos da el auténtico contacto con los demás, aunque sea de forma fugaz. Así que mira atentamente, ¿qué quieres, qué necesitas de los demás? No olvides que lo que recibes en este momento de los demás, no es lo que necesitas realmente y por eso no lo reconoces. Justamente por eso es tan importante desarrollar la conciencia. Posiblemente no percibas lo que quieres o lo que recibes a cambio de tus sacrificios, porque te parece poco, inútil (o incluso ofensivo), de manera que tu razón se aparta porque no entiende nada. Hay que tener en cuenta que las palizas también son un tipo de atención y como codependiente que eres necesitas la relación independientemente de cómo sea y de si te beneficia o te perjudica. La relación te permite sentirte. De la misma manera que los alcohólicos acaban bebiendo cualquier tipo de alcohol, independientemente del sabor y la calidad, en la codependencia se trata de mantener la relación, sea del tipo que sea.

Probablemente no te entiendas a ti mismo, cómo es que das tanto a cambio de tan poca energía, pero si tomas conciencia de que te notas mediante la relación con los demás sin tener en cuenta lo que recibes a cambio, empezarás a entender tu conducta.

¿Y esto significa que tienes que romper con tu pareja, amigos y conocidos? No, no necesariamente. Simplemente quiere decir que va siendo hora de que vayas saliendo de las estructuras de la codependencia, porque de esta forma se abre automáticamente el camino para reconocer el amor auténtico. Se trata de abandonar un espacio de vuestra relación para entrar en otro más sano, si es que lo hay. Si abandonas las estructuras de la adicción te das cuenta de si una relación te brinda soporte o no. Y puedes decidir libremente si quieres seguir con esta relación o no.

En la codependencia sólo te percibes en la interacción con los demás. Lo que necesitas y lo que te va a curar es ESTO: sentirte a ti mismo, porque sólo entonces notas la vida que intenta expresarse a través tuyo, que quiere ser vivida. Lógicamente todos necesitamos amor, cariño y reconocimiento. Como codependiente necesitas todo esto, porque si no no estás en contacto contigo mismo, ésta es la gran diferencia. Una persona sana actúa de la siguiente manera: si necesita algo, va y lo pide, además, sabe dónde encontrar ayuda y la consigue. Como codependiente esto no lo sabes hacer, intentas exprimir hasta la última gota de atención de tu entorno, aunque sea negativa y dolorosa. Incluso «No te quiero» es al fin y al cabo una frase dirigida a ti y queda aún la posibilidad de luchar por conseguir el amor fervientemente deseado. En este caso no se trata del amor de la otra persona sino de la lucha en sí misma que te permite sentirte mientras luchas y por eso no puedes dejar de hacerlo. El adicto no es capaz de abandonar aquellas situaciones que le perjudican porque cualquier cosa es mejor que no sentirse. Quizás debieras hacer un salto hacia un nivel superior, como los electrones cuando saltan de un nivel de energía hacia otro de mayor energía, sin saber cómo se sentirá en este nivel desconocido. De la misma manera tú tampoco sabes lo que puede suceder durante este salto.

Debemos soltarnos del lugar en el que nos hallamos para poder llegar a otro, y los codependientes no saben soltarse. Tenemos miedo de morirnos sin haber llegado a la Luz. Es como si Dios nos abandonara totalmente y no existe una sensación peor que la que experimentamos. Lógicamente no somos conscientes de todo esto, sólo tenemos una tenue sospecha de todo lo que está pasando dentro nuestro. El dolor es insoportable, por eso hacemos todo eso de lo que hace mucho que estamos ya hartos. Al menos deberíamos de tomar conciencia de que existe este dolor y de que tenemos que afrontarlo si queremos curarnos.

El quinto paso deja todo esto al descubierto. Por primera vez permites que el dolor se exprese claramente porque tú mismo empiezas a mostrarte. Esta actitud es casi milagrosa y seguro que consume mucha más fuerza de la que te puedas imaginar en este momento. Significa dejar de lado la máscara del salvador poderoso, de la salvadora poderosa, y mostrar la propia necesidad sin ningún tipo de maquillaje. Puede ser que te avergüences tanto de que tu imagen creada meticulosamente con tanto esfuerzo se tambalee tanto, que lo único que desees es esconderte bajo tierra. Pero puede ser que seas valiente y fuerte y cojas el toro por los cuernos y des este paso con tu habitual buena disposición. Hazlo pero te pido que afrontes el miedo que permanece oculto dentro de ti. No malgastes este paso para demostrarte lo fuerte que eres, ya sabes a lo que me refiero. Si no lees este libro por curiosidad sino porque necesitas ayuda, entonces sientes mucha vergüenza y miedo a morir cuando no estás al servicio de los demás. La falta de amor y calor para ti significa morir. Y si no te sientes porque no has podido establecer (al menos en parte) la relación contigo mismo o porque fue destruida por el motivo que fuese, no has tenido otra opción que percibirte a través del espejo de los demás. Pero esto va a cambiar a partir de ahora siempre y cuando estés realmente dispuesto.

Lo repito: ¿qué es lo que quieres a cambio de tu eterno sacrificio? ¿Y qué sentimientos va a despertar en ti? Si te haces estas preguntas vas a contactar con tu necesidad de recibir amor, atención y apoyo, unión con la vida. Exactamente de esto se trata. Es perfectamente lícito tener todas estas necesidades, es sano y natural. Lo que pasa es que falla la forma en la que intentas conseguir estas energías. ¿Para qué sirve entonces el quinto paso? Quizás estés percibiendo en este mismo momento cuán enterradas, en lo más hondo de ti mismo, vivían tus necesidades, notas la vergüenza de mostrarte y a pesar de ello empiezas a abrirte de forma consciente. Ahora estás en disposición de empezar el proceso de curación.

En los grupos de doce pasos me doy cuenta de la gran ayuda que representa el mero hecho de tener un espacio en el cuál uno se puede comunicar sin miedo a ser juzgado. Así que te pido que escojas una persona de tu confianza y le leas el cuarto paso. Pídele de antemano no hacer ningún comentario, convertirse sólo en un espacio de escucha. Lo que menos necesitas es crítica ni un análisis de tu conducta, eso probablemente provocaría una actitud defensiva en ti o al menos una explicación por tu parte.

Puedes explorar tus sentimientos y darle una oportunidad de actuar a tus fuerzas internas, a tu animal de poder, a la autosanación, al Orden Divino o a cualquier otra Fuerza Superior con la que hayas contactado en el tercer paso. Y, si no, seguro que encuentras alguna vía para mostrarte a tu Creador con todas tus heridas. Después quemas el papel en el que has apuntado tu cuarto paso siguiendo un ritual para admitir ante Dios lo que has escrito. Siempre que esto te sea de ayuda. Si no es así, seguro que encuentras otra manera de mostrarle al Creador tu herida.

Si quieres proporcionarle espacio a otra persona, hazlo de la siguiente manera: escucha atentamente sin decir nada. Si alguien te pide crear espacio para su quinto paso y estás dispuesto a hacerlo, quizás te sea útil este ejercicio:

Siéntate, cierra los ojos y lleva la respiración al corazón. Imagínate que un haz de luz fluye hacia tu corazón y lo llena de luz. Si notas que la luz sale de tu corazón, es decir que tiene una fuga energética, pídele a tu ángel de la guarda o a tu animal de fuerza que cierre esta fuga. Es importante que tu corazón esté repleto de luz y la retenga, si se la quieres regalar a alguien (por ejemplo a ti mismo). Deja pues que tu corazón se llene de luz e imagina que se convierte en una habitación llena de luz y que le puedes ofrecer a la persona entrar en este espacio. Utiliza la técnica del ocho de oro mientras estás con la otra persona dentro del espacio luminoso. No hace falta nada más, se trata simplemente de crear un espacio. No necesitas pensar en soluciones ni acerca de lo que te han dicho. Escuchar es crear un espacio para el otro, nada más.

Permanece en silencio y mantén el espacio abierto. Esto es de gran ayuda para el otro, de esta forma puede empezar a encontrar soluciones por sí mismo, llegar a conclusiones, sentirse. Sé consciente de que delante tienes a un codependiente.

Para su sanación es imprescindible que empiece a sentirse, no necesita consejo sino establecer el contacto consigo mismo. Para ello le ofreces el lugar seguro que necesita. Si tú mismo necesitas que alguien te haga este favor, puedes leerle el párrafo anterior para que entienda mejor qué es lo que necesitas exactamente.

Decir «No»

¿Sabías que quizás te sea más fácil notar tu verdad, tu «Sí», tu «No», si estás enraizado en el suelo? La característica más importante de la energía de la tierra, del suelo, es la dualidad, hacerse visible, adquirir una forma. Darle forma a algo, adquirir una forma, implica decidirse por una posibilidad concreta de manifestarse, cambiar del reino de la variedad a la concreción única. Un árbol es un árbol, y aunque hemos aprendido de la física cuántica que la ordenación de las partículas «decide» una y otra vez seguir siendo un árbol, la probabilidad de que el árbol permanezca estable es muy elevada. Para formar materia, las partículas (pido disculpas por explicarlo de forma tan simplificada) se juntan entre sí, todo lo que las leyes de la física les permite. Pasan a esta dimensión de la máxima unión posible y crean una cara, una forma, dicen «Sí» a esta forma y «No» a todas las demás posibilidades. Esta energía, esta concreción, no existe en las dimensiones de vibración superiores de la conciencia, la energía, las vibraciones van cambiando constantemente. (La materia tampoco es totalmente estable, pero los cambios son mínimos. No necesitas ponerte de acuerdo cada cinco minutos con tu mesa para que no cambie de forma, al menos hasta que hayas acabado de desayunar. Será tan amable de mantenerse como mesa al menos durante ese rato).

En la materia hallamos la fuerza de la forma, de la decisión, de la dualidad. Y ésta es la fuerza que necesitas para mantener el contacto contigo mismo, para poder decir «No». La experiencia nos ha mostrado que las personas que meditan mucho y por lo tanto no están tan en contacto con la Tierra, tienen mayores dificultades para decir «No». Imagínate lo difícil que es decir «No», poner límites, cuando ni siquiera estás en un estado meditativo sino simplemente en una actitud flotante. Si no acabas de «estar aquí», no dispones de la fuerza de la Tierra que necesitas para establecer claramente tus límites. Así que pídele a la Tierra que te de soporte, reconcíliate con ella y aprovecha su fuerza nutritiva para seguir tu camino, tu propio camino. Necesitas la fuerza de la Tierra para manifestarte. Esto no es ninguna frase de un libro sabio sino mi propia experiencia. Sin la fuerza de la Tierra te falta el recurso para que las cosas se conviertan en visibles y puedas experimentarlas y sentirlas.

Posibilidades para arraigarte hay muchas, puedes escoger entre, por ejemplo, la poderosa fuerza de un árbol o la mas suave de una flor de loto o cualquier otra, según sean tus necesidades y preferencias. De gran ayuda es un animal de poder. En el segundo paso hemos descrito cómo puedes encontrarlo. Emprende un viaje chamanístico o pide la ayuda de un chamán si lo precisas.

Sexto paso

Disponte a abandonar las viejas pautas de pensamiento y conducta

Disponte a permitir que te liberen de las viejas pautas de pensamiento y conducta. No corresponden a lo que Dios quiere para tu alma y por eso ya no necesitas arrastrarlas más contigo.

¿Pero quién va a liberarte de ellas y cómo? ¿Y qué es lo que quedará? Este paso es el puente hacia tu propio salto a un nivel de energía superior y no puedes hacerlo sólo, no sabes generar por ti mismo la energía que necesitas para ello. Para ilustrarlo mejor voy a explicar más detalladamente lo que es un salto cuántico. En la física cuántica ortodoxa el salto cuántico se define como el paso de un sistema de un estado cuántico, es decir una determinada estructuración de partículas elementales, como por ejemplo los electrones en un átomo, con un determinado nivel energético, hacia otro con un nivel energético superior. Clásicamente (y de forma simplificada) se refiere al salto de un electrón de su nivel de energía, de su órbita, por la que gira alrededor del núcleo del átomo, a un nivel superior más alejado del núcleo y por lo tanto con un nivel de energía superior. Este paso se efectúa en forma de salto, es decir no hay pasos intermedios entre un nivel y el superior.

La energía del sistema no cambia gradualmente sino en impulsos o saltos, en forma de unidades de energía, es decir «cuantos». A pesar de que no hay niveles intermedios, se precisa de un cierto tiempo para que lleve a cabo el cambio de órbita.

Y lo que queremos nosotros es un cambio para llevar una vida con un nivel de energía superior ¿o no? Para que pueda efectuarse el salto hacia un nivel de energía superior, el electrón necesita un aporte externo de energía. También sabemos que la energía se da en forma de cuanto, no hay cambios graduales sólo saltos grandes, medianos o pequeños. ¿Y eso qué importancia tiene para nosotros? Dejemos la metáfora y tomemos el salto cuántico de forma literal: queremos pasar a un nivel energético superior en el que tengamos más energía y seamos más libres y estemos más avanzados. Éste es el salto que queremos realizar.

Lo que no sabemos es lo que hace el electrón mientras realiza el salto, no sabemos lo que sucede y qué le pasa al electrón durante el salto, si desaparece totalmente y se forma de nuevo, pase lo que pase lo desconocemos. Sabemos que necesitamos un aporte energético, esto es imprescindible. No podemos hacer otra cosa que estar dispuestos a que ocurra este suceso desconocido para nosotros, no podemos ensayarlo ni imaginárnoslo conscientemente. Lo único que podemos hacer es pedir que tenga lugar y abrirnos al aporte de energía que le precede.

¿Y de dónde viene esta energía y cómo nos preparamos para recibirla? Nos sumergimos es un gran campo de «no lo sé». Notamos que nuestra forma habitual de cuidar de nosotros es agotadora y ya no funciona, pero qué nos espera, las leyes que imperarán en nuestra existencia nueva, cómo comportarnos de otra manera, cómo nos sentiremos, cuando se haya producido el cambio, todo esto lo desconocemos.

Lo único que puedes hacer es abrirte y hacer lo que hemos descrito en el tercer paso: pide al Poder Supremo, a tu animal de poder, a la Luz, a Dios, o a tus fuerzas de autosanación que te envíe energía y ayuda. Esta energía también puede adoptar la forma de un libro. De repente entiendes lo que te pasa y experimentas un aumento de energía. Puede ser un curso, una meditación, un medio etéreo, la Luz...De hecho no importa de qué forma se lleva a cabo este aporte de energía, lo único que tienes que hacer es estar dispuesto a experimentar este estado de incertidumbre y evitar todo aquello que te resta energía. Abre tu canal de luz, si crees en ello. También se podría decir que estas dispuesto a utilizar otras zonas de tu cerebro. También eso es cierto y ambas cosas no se excluyen. El cambio se producirá a todos los niveles, así que escoge un nivel que te parezca razonable y prepárate para recibir más energía a este nivel. No necesitas saber cómo sucederá, el electrón tampoco lo sabe. Este paso se llama «Disponte» y no «Haz todo lo posible para que suceda». No te puedo aportar más certeza, yo tampoco sé cómo te sentirás durante tu salto cuántico, lo único que te puedo decir es que aquí todo es más amplio, libre y estable que en la órbita del control y del sacrificio. Pero no te puedo decir cómo vas a experimentar la liberación. Te abres a dejar atrás todo lo viejo y afrontar el dolor de la abstinencia, el miedo y la inseguridad. Tienes claro que durará un determinado tiempo y que puede llegar a ser bastante doloroso. Así que, presumiblemente, no vas a estar dispuesto (como todos nosotros) a dar este paso hasta que estés realmente muy harto de tus conductas y todos los sentimientos que conllevan, que te enferman y que te perjudican.

Hay una conducta que hasta el momento no he mencionado porque para afrontarla se precisa de una buena dosis de valor. En este paso te voy a confrontar con ella. Espero que sepas perdonarme.

¿Conoces esta rabia subliminal? Seguro que sí, porque de hecho éste es el tema en cuestión, ¿cierto? Dices «Sí» pero de hecho piensas «No» y como camuflas tanto tu verdad, reaccionas de forma bastante agresiva, pero de forma que pasa prácticamente desapercibido. ¿Sabes de qué hablo? Llegas tarde a una reunión, porque de hecho no te apetece nada asistir a ella, te olvidas de una cita o la cambias de día una y otra vez, miras hacia otro lado mientras el otro te mira a los ojos, callas cuando te preguntan qué es lo que quieres o cómo te sientes, te encierras en ti mismo y te retiras del contacto con el otro. Reaccionas de una forma «pasivo-agresiva». Es algo que experimento a menudo con personas que sufren algún tipo de adicción (y por supuesto por mí misma). Las personas que sufren un trastorno de alimentación reaccionan a menudo de esta forma porque la adicción a la comida representa un muro de protección detrás del cual se esconde una codependencia profundamente enraizada. No tengo suficiente experiencia con adicciones a otras sustancias para poder aportar algo. Pero si reconoces esta patrón adictivo en ti, observa si lo que digo también te concierne. La codependencia y el trastorno alimentario obedecen a pautas de conducta diferentes y ésa es la razón por la que este trastorno tampoco desaparece tan fácilmente cuando te ocupas de la codependencia. Ambos deben ser tratados independientemente, dado que las pautas de conducta se han establecido de forma diferente. Debido a que no sabemos decir «No», porque necesitamos la relación con el otro de manera tan urgente, y porque la tensión que se genera dentro de nosotros es tan grande, la obsesión de mantener todo bajo control se hace insoportable, por todo eso intentamos encontrar alivio en la adicción por la comida. Nos es más fácil controlar esta adicción y además aquello a lo que nos hemos vuelto adictos es mucho más fácil de conseguir. En la adicción a la comida es muy fácil conseguir «la sustancia», en la codependencia estamos todo el rato buscando satisfacer a los demás. En algún momento, el trastorno de alimentación acaba formando parte de nuestras conductas habituales y no necesita ya de un desencadenante, ha adquirido vida propia, como todas las adicciones. Ésta es la razón por la que deben de ser tratados de forma independiente.

Podemos mostrarnos muy encantadores y amables, pero mientras sonreímos estamos también mostrando los dientes. A nuestra peculiar manera, le estamos diciendo al otro que no vamos a hacer todo lo que él quiera (a pesar que aparentemente lo hagamos). Se trata pues de una especie de rebeldía escondida de la cual no se nos puede acusar. Dado que no somos sinceros con nosotros mismos y no nos mostramos como somos, nos dedicamos al sabotaje. Hasta cierto punto esto es comprensible y en cierto modo también sano; nuestro «No» encuentra una manera de salirse con la suya, independientemente de lo mucho que lo camuflemos debido al miedo de perder la relación (aunque sea una relación de dos minutos con el dependiente de la panadería). No nos mostramos con toda nuestra fuerza y verdad, sino que nos disfrazamos y escondemos detrás, si me permites decirlo claramente, de nuestras mentiras. Decir «Sí» cuando de hecho queremos decir «No», es, al fin y al cabo, una mentira ¿o no?

Quizás no te sientas aludido y dado que en este libro tampoco quiero detenerme demasiado en este punto, añado para aquellos que sí se han sentido aludidos o han reconocido a su pareja el siguiente apartado.

La conducta pasivo-agresiva

Las personas pasivo-agresivas tienen una actitud básica muy negativa frente a cualquier propuesta o demanda de ayuda de otras personas y ejercen resistencia pasiva. Muy a menudo no se sienten comprendidos o tratados justamente o se quejan de su situación personal. El malhumor, las peleas, los conflictos, la envidia, los celos, la tozudez, el arrepentimiento y una autoestima muy baja son las características más frecuentes de una persona pasivo-agresiva. Curiosamente, se ven a sí mismos como pacíficos y valoran sus conductas como adecuadas. Tienden a estar involucrados en conflictos interpersonales y tienen una actitud hostil frente al mundo.

¿Y cómo se entiende esto? Decimos «Sí», queremos decir «No», actuamos de forma absolutamente contradictoria, proyectamos en el otro toda nuestra obstinación y rebeldía, pero actuamos como si todo estuviese perfectamente en orden. Si alguien quiere comentar nuestra resistencia la negamos. Cumplimos las expectativas que el otro tiene o pensamos que tiene, al mismo tiempo que seguimos nuestra propia verdad. Ofrecemos ayuda y luego enfermamos de forma que no podemos llevar a cabo nuestro ofrecimiento y así solucionamos el problema. Nuestro cuerpo expresa nuestra auténtica intención y deseos, cosa que nosotros no sabemos hacer. ¿Por qué actuamos así? Generalmente es el niño interior rebelde que no encuentra otra manera de satisfacer sus necesidades. Si de pequeños no pudimos expresar nuestros deseos, si no nos tuvieron en cuenta, nos ignoraron y no fuimos tratados de forma respetuosa (o incluso nos trataron de manera vergonzante, culpabilizadora o violenta), desarrollamos una estrategia disfuncional pero que en aquella época era la única posible. Hacemos lo que nos exigen pero en contra de nuestra voluntad, de forma casi inconsciente cometemos pequeños errores, saboteamos nuestro «Sí» o nuestro «No», según cual fuese la respuesta esperada. La conducta pasivo-agresiva es como vivir atrapado en la niebla, y por eso no nos damos cuenta de cómo actuamos. Hacemos caso al niño interior, una pauta interna que no sabemos parar, excepto si somos muy conscientes de ella y estamos preparados a observarla. Detrás de toda esta actitud obstinada, lo que hay es mucho dolor, rabia, vergüenza e indefensión, no podemos pensar con claridad, no podemos dialogar porque esta pauta-para-evitar-el-dolor funciona de manera automática y está tan profundamente enraizada porque en el pasado tuvo valor de supervivencia. «El otro o los demás» también puede ser el estado, la empresa, cualquier institución, una persona... cualquiera que en un momento dado quiere ejercer poder o manifiesta exigencias. No distinguimos si estas exigencias son razonables o no. Tampoco valoramos si vamos a ser capaces de llevarlas a cabo y si queremos hacerlo o no, ni respondemos ni actuamos en consecuencia, sino que nos invade una especie de parálisis interna y acatamos lo que se nos pide, como si se tratara de una orden. Simultáneamente, y porque no hemos abandonado totalmente nuestra propia voluntad, realizamos algún tipo de sabotaje, por ejemplo quejándonos de forma apenas perceptible. A nivel emocional nos sentimos agresivos, explotados, bloqueados, pero rechinamos con los dientes y hacemos lo que toca. La responsabilidad de nuestra rabia, impotencia, indefensión y la sensación de estar totalmente sobrepasados la proyectamos en la persona de la cual parte la exigencia (de verdad o en nuestra imaginación) aunque somos nosotros mismos quienes estamos en la confusión de no saber si queremos o podemos hacer lo que se nos pide. La culpa no es nuestra, es el niño interior tozudo el que manda, pero el otro es aún menos culpable ¿no es cierto? Necesitamos mucha atención y mucho valor para afrontar esta pauta con todas sus consecuencias, mirarnos a la cara con toda sinceridad a todos los niveles, muchos más de los que en estos momentos siquiera podamos imaginarnos, y actuar de forma clara y auténtica.

La conducta pasivo-agresiva bloquea todas las energías sutiles porque emitimos muchas señales diferentes y contradictorias simultáneamente. La vida no fluye, estamos bloqueados y bloqueamos la posibilidad de establecer un contacto auténtico con los demás.

¿Estás pues realmente dispuesto a cambiar tu conducta y mostrarte de forma trasparente incluso si esto implica decir «No», apartarte de ciertas personas y manifestar tu propia opinión, diferente a la de los demás? Mostrarte como una persona independiente y sentirte también así. No existe nada más difícil que esto para un codependiente, ya que sólo nos sentimos en la relación con los demás, necesitamos la sensación de ser igual que el otro, de fundirnos con él, en cierta manera. Nos causa sufrimiento percibirnos separados de los demás y desde un punto de vista espiritual este dolor está plenamente justificado. En la Tierra estamos aparentemente separados los unos de los otros y como seres espirituales que somos éste es un estado en el que parece que estemos apartados de la Luz. Así que tiene su lógica que intentemos hacer todo lo posible para no notar esta separación.

Por suerte existe ayuda y curación. ¿Qué pasaría si conducimos suavemente y con cuidado a las partes que tanto sufren a causa de la separación de la Luz, del amor de Dios, de la unión con el Todo y también a causa de nuestra propia disociación, de nuevo hacia la Unidad y el Amor? Para ello necesitamos estar dispuestos a sentirlo y suprimir la conducta que volvería a provocar la separación ¿eres consciente de esto?

Meditación: abandonar la lucha

Cierra los ojos e imagínate un lugar destinado a luchar, por ejemplo un auténtico ring de boxeo. Sube al ring y mira a quien tienes en la esquina opuesta. Quizás ya sepas que estás involucrado en una pelea con esta persona o no. Puede que luches contra ti mismo, contra la vida, o quizás no haya nadie más en el ring y te sientes un poco perdido. Observa durante un momento cómo luchas, cuáles son tus armas. Mira también quién está luchando en tu interior ¿es el niño interior, la mujer herida, la hija avergonzada, el hijo despreciado que finalmente quiere ser respetado? ¿Quién lucha? ¿Luchas por ti o en lugar de otro? ¿Es de hecho tu madre, tu padre o tu hermano quién debería estar allí? ¿Y cuál es el trofeo, cómo sabrías que has ganado, de qué va esta lucha?

Y ahora mira si estás dispuesto a renunciar al trofeo. Observa si estás dispuesto a ello simplemente porque sabes que aquí no hay nada que pueda serte útil para inclinarte ante el otro y reconocer de forma indiscutible su victoria. Si sigues luchando corres el peligro de hacerlo sólo para satisfacer tu ego, pues sabes que aquí no puedes ganar. Lo que quieres del otro, sólo te lo puede regalar, no es un premio que puedas ganar, hagas lo que hagas. Así que inclínate ante el otro y dile:

«Reconozco tu victoria, me doy por vencido, abandono la lucha por tu amor, respeto y atención (o lo que sea)».

Esto es un golpe duro para el ego, pero una inmensa liberación para ti mismo. Si el otro quería algo de ti que no le querías dar y ésta es la razón por la cual lucháis, ¿sabes qué te digo? ¡dáselo! Finaliza la lucha y se lo das, sin más, y observa qué es lo que sucede. Si no le corresponde volverá automáticamente hacia ti, simplemente el otro no llega a recibirlo a pesar de que lo desee de todo corazón. Es posible que de esta forma el otro al recibir lo que esperaba se de cuenta de que en el fondo no era lo que realmente quería. Y si aquello que le das realmente le pertenece, ya era hora de que se lo dieses.

Abandona el ring, sea cuál sea el asalto en el que os encontréis, abandona el ferviente deseo de ganar, date permiso para sentir el vacío, deja caer los puños. Quítate la ropa y los accesorios para luchar.

De repente ves que hay una puerta que da hacia fuera, abandonas el ring y te vas al exterior. Habéis luchado suficiente, ya no podéis aprender nada más de esta forma. Atraviesa la puerta y percibe cómo penetras en un campo de energía de luz, amor y libertad, en una espacio amplio y luminoso, quizás sea un bonito paisaje o cualquier otro lugar agradable. Te sientes ligero y libre y ahora fluye a través de ti y especialmente hacia el corazón aquella energía por la que has luchado tanto tiempo. Así de fácil recibes todo lo que necesitas, está a tu disposición, porque lo has pedido y te sirve. Aquello que necesitas y que te es útil fluye hacia ti mediante la Luz del Amor y la Gracia, no necesitas luchar por ello. Quédate en este espacio de paz y observa desde aquí tu vida.

A continuación, vuelve tranquilamente hacia aquí y ahora. Utiliza esta meditación para acabar una tras otra con todas las luchas de tu vida.

Séptimo paso

Pide humildemente ser curado

¿Por qué humildemente? Porque no somos capaces de curarnos a nosotros mismos y porque es muy importante que el ego deje de actuar. Nuestro control y nuestra voluntad consciente no bastan, necesitamos ayuda, y reconocer esto, es lo que llamamos humildad. No sabemos cuáles son las pautas y conductas que debemos abandonar, no sabemos qué energías inconscientes siguen actuando de manera que reaccionamos inflingiéndonos el viejo e insoportable dolor. Aunque creamos saberlo todo acerca de nosotros, precisamente si ya hace tiempo que estamos en el camino de la sanación, la humildad es un recurso especialmente importante. Pensamos que ya nos hemos explorado tanto, que ya lo sabemos todo acerca de nuestras pautas conscientes e inconscientes, la negación, la escisión de las partes en la que nos parecemos a nuestro padre, nuestra madre. Estamos convencidos de que hemos separado el trigo de la paja y de que sólo nos hace falta deshacernos de la paja para estar curados.

Pero resulta que no funciona así y lo comprobamos con dolor, una y otra vez. Estamos todos unidos, somos seres multidimensionales, tenemos nuestros propios programas, pero nuestro camino sirve a la liberación de todos los seres. De todas formas somos seres sanos. Siempre que pensamos que finalmente «lo» hemos entendido, aparece como de la nada un asunto nuevo, que desconocíamos totalmente. Es difícil alcanzar un estado de paz interior, sobre todo si una parte importante de nuestra autoestima depende aún de la sensación de tenernos a nosotros y la vida bajo control. A menudo me sucede que alguien me dice: «Pero Susanne, hace tiempo que estoy trabajando todos estos temas, ¿cómo es que aún me siento igual?». La respuesta es bien sencilla, simplemente no lo sabemos todo y nuestras interrelaciones son mucho más amplias de lo que nos podamos imaginar a nivel consciente. Estamos unidos de una forma u otra con toda la historia de la Humanidad. Seleccionamos, sanamos y sustentamos las energías de todos los tiempos del planeta y más allá de él. Mientras quede una persona, un animal o una planta que no sea tratada con el debido amor, vamos a estar en contacto con la carencia, el miedo, el autodesprecio. Por supuesto que podemos evolucionar, sentirnos más ligeros y libres solucionando nuestras tareas una tras otra, a medida que vayan surgiendo. El sufrimiento personal se disuelve y nos sentimos libres y llenos de luz. Pero a la que aparece un nuevo nivel en el proceso de sanación, a nivel de la Tierra se ha producido un nuevo salto cuántico y cuando se aproxima el siguiente paso en el proceso de la toma de conciencia y de la sanación, volvemos a estar atrapados y es correcto que suceda de esta forma. Ser humildes significa haber aceptado estar a disposición de la liberación universal, y este proceso está siendo guiado por las Fuerzas Superiores. ¿Significa esto que somos como una pequeña pelota a merced del destino? A nivel humano es posible que a veces tengamos esta sensación, pero a nivel espiritual, desde un punto de vista más elevado, siempre somos Creadores.

Si observas tu vida durante un instante desde un punto de vista más elevado, vas a ver que todo lo que te ha sucedido hasta ahora tiene un sentido. La vida no sólo es un camino de aprendizaje, una búsqueda, sino también un camino hacia la liberación, un peregrinaje de la conciencia. De esta forma también entenderás por qué la orientación espiritual es esencial pero no te ahorra recorrer tu camino. La orientación consciente de tus intenciones y con ello de tus pensamientos, sentimientos y acciones, que cada maestro espiritual enseña a su manera, es una parte inseparable del camino, es una parte de las leyes espirituales que experimentas no sólo para ti sino para todos los demás. No es la llave que te abre la puerta para la felicidad total, sino una de muchas leyes espirituales con las que vas a encontrarte sucesivamente. Es importante que no confundas los niveles. Puedes sentirte maravillosamente bien y puedes tener la sensación de que finalmente has llegado, ya que eres capaz de crear cosas y experiencias. Pero sólo representa una parte de la Fuerza, que te está permitido sentir y por eso no te va a satisfacer a la larga. Siempre que «pedir» no sirve, se está mostrando otra ley espiritual, que necesita ser explorada por ti, como por ejemplo la ley de la humildad.

El amor de tu espíritu hacia la Creación de Dios es más poderoso que tu voluntad humana consciente. Si pones tu voluntad consciente al servicio del amor de tu espíritu, vas a experimentar auténticos milagros, puesto que ahora todas tus fuerzas actúan en la misma dirección, siguen una misma intención. Así que es preferible que no pidas una sanación rápida, sino ser guiado de forma suave, consciente y amorosa para poder liberar todo aquello que quiere ser liberado por ti. Tu espíritu ama la Creación, ama la vida y se ha declarado dispuesto a seguir el camino que haga falta para que la conciencia y la Luz lleguen hasta el rincón más remoto del Universo. No sabes cuáles serán estos caminos, pero puedes tener la certeza de que los impulsos interiores y también las dificultades de la vida terrenal y las propuestas que recibas te guiarán correctamente.

La sanación no se produce nunca sólo para uno mismo sino que tiene siempre un fin universal. A nivel espiritual esto no es ninguna novedad para ti, pero a nivel terrenal se te ha olvidado. La humildad te ayuda a reconocer que no conoces las cuerdas con las cuales está atado, unido con los demás, en qué aspectos necesita aún sanar y cuáles son las llaves de las que aún no dispones. Pero la buena noticia es que tu espíritu, tu Yo Supremo y el Orden Divino sí lo saben. Si te abres a la sanación, entras en contacto con todo aquello que puede y debe sanar, a nivel personal y universal. Tu sanación es más amplia de lo que te imaginas, ya que no sanas sólo tu propia historia sino también una parte de la historia de la Humanidad. Si ahora persistes en saber cuáles son los temas que deben ser resueltos puede que pierdas la ocasión, la llave con la que sólo tú estás destinado a abrir una determinada cerradura. Necesitas plena atención, todos tus recursos, tu compasión contigo mismo, tu disposición a ser sanado, a dejar atrás las viejas conductas y necesitas honradez contigo mismo, tanta que resulta casi dolorosa. Necesitas ser transparente y esta sensación inequívoca de lo que está bien o mal que notamos con el vientre. Y necesitas humildad porque no sabes cuáles son las tareas que te has puesto, sobre todo si ya hace tiempo que transitas este camino y ya has resuelto lo más evidente. Éste es el momento en que las tareas adquieren mayor relevancia y amplitud. Aún las sientes como muy personales, pero están empezando a formar parte de campos energéticos comunes y universales.

A pesar de ello, existe esta parte terrenal, que está muy agotada, aunque siga adelante en su camino, que se arrastra por puro amor hacia la siguiente experiencia, pero que de hecho ya hace tiempo que quiere llegar por fin a casa.

Ya va siendo hora de que nos liberemos del peso con el que cargamos una y otra vez. Por mucho que queramos participar por puro amor en la toma de conciencia luminosa universal, no deja de ser cierto que ha llegado el momento de experimentar a nivel personal la luz, el amor, la libertad y la ligereza. Y, ¿quién sabe?, quizás es justamente ésta la tarea que toca acometer ahora: soltarnos, dejar ir nuestra parte humana, la que sufre continuamente y que ha cargado con el peso de la Tierra con la mejor de las voluntades durante todas las reencarnaciones.

A continuación encontrarás una meditación que te ayudará a liberarte a ti mismo. Durante la meditación notarás cómo se trata de dejar que suceda y no de hacer, actuar.

La liberación del Yo humano

Ponte cómodo y utiliza una técnica de relajación para entrar en un estado de tranquilidad. Pídele a la parte de ti que ha tenido que aguantar todas las vivencias terrenales que se muestre. Es la parte humana, profundamente herida, decepcionada, agotada, que ya no quiere luchar más y que se ha quedado sin fuerzas. La misma que por puro amor y buena intención siempre ha estado dispuesta a sacrificarse, a notar las energías, a experimentar con su propio cuerpo, a vivir personalmente todo aquello que decides y que te acontece. Pregúntale a esta parte si aún tiene ganas de estar en la Tierra. Dentro de nosotros hay partes que han sufrido heridas tan profundas que ya están hartas y ya no quieren estar aquí. Ha llegado el momento de dejarlas marchar, no hay necesidad de que intenten mantenerse en pie con el último suspiro de sus fuerzas. Observa la gravedad de sus heridas y cómo lo expresan. Puede ser que la parte humana se haya acurrucado en una hueco o que percibas un campo energético gris. Quizás salga a tu encuentro un guerrero exhausto o una guerrera exhausta, mírale y abrázale con toda tu compasión. Gracias a él, tu espíritu ha vivido todas estas experiencias. Quizás ha llegado el momento de volver a casa. Si reconoces que esta parte ya no quiere estar en la Tierra, envíale un haz de luz muy luminoso mediante tu imaginación. Un haz de luz es un campo energético de muy alta vibración que surge del Orden Divino Indivisible y penetra hasta el corazón de las personas que se hallan en la Tierra. Puede que veas un haz de luz circular en el suelo, también es posible que el haz de luz penetre profundamente en el suelo. Es muy luminoso y está claramente delimitado, es decir tiene límites nítidamente diferenciados. Ahora pídele ayuda a un ángel, detectarás su presencia en forma de calor o una sensación intensa de bienestar y tranquilidad. Dile a la parte humana herida y agotada que se coloque dentro del haz de luz para que pueda ascender. Agradécele de todo corazón sus servicios y déjala ir. No te preocupes, todo aquello que tiene que permanecer en la Tierra permanecerá aquí. Pero esta parte humana tan tremendamente exhausta puede partir, ha sufrido y vivido lo suficiente. Tú mismo notas tu cansancio. La parte que se va será bien recibida en otro sitio mejor. Dale permiso para ir al sitio espiritual que le corresponde. Los ángeles la guiarán, no hace falta que sepas dónde se encuentra, dónde está. Observa cómo reacciona ¿se siente aliviado, mira lo que esta sucediendo? ¿y tú, cómo te encuentras ahora?

Poco a poco vuelves al aquí y ahora, manteniendo la conexión con el conocimiento y la conciencia mediante la cual has podido tener esta experiencia. Amplías tu conciencia si, en vez de pasar de un nivel a otro, te mantienes en todos los niveles al mismo tiempo.

Octavo paso

Disponte a reparar todo el mal causado a los demás, pero ante todo el que te has causado a ti mismo

Disponte a devolver todo con lo que has cargado por el otro y a asumir la responsabilidad de aquello que te corresponde, incluso de forma retroactiva.

Ahora ha llegado el momento de pasar a la acción. Empezamos a comportarnos de forma perceptiblemente diferente y esto es algo nuevo. Hasta ahora hemos tomado decisiones de efectuar cambios, llenado muchas hojas de papel y hemos compartido nuestras energías con un montón de gente. Nos hemos dedicado intensamente a nosotros mismos. Ahora salimos hacia el mundo y nos mostramos de una forma diferente, no sólo hablamos de otra manera sino que seguimos unos impulsos claramente diferentes y más útiles. Traemos luz a la Tierra, la enraizamos mediante nuestra conducta concreta y visible en el campo energético, también de forma retroactiva. De esta forma nos hacemos visibles ante los otros y es posible que reaccionen de otra forma que hasta ahora. Supongo que te imaginas que esto le da mucho miedo al niño interior.

¿Y cómo averiguas si cargas con algo que no te corresponde y en quién has delegado la responsabilidad de tu bienestar, es decir con quiénes estás enredado en relaciones dependientes? Es muy sencillo: sólo hace falta que observes tus relaciones y preguntes a tus energías, lo sabrás en seguida. Si la energía fluye bien y libremente entre tú y el otro, puedes respirar tranquilamente mientras piensas en él. Si no hay suficiente espacio entre los dos (independientemente de la causa de esta falta de espacio) también lo notas enseguida mediante una sensación de agobio, malestar o resistencia interna. En este punto te va ayudar mucho tu razón. Dado que ahora tienes un profundo conocimiento de las conductas y estructuras codependientes, puedes distinguir de forma racional en qué ámbitos te hallas atrapado en una relación codependiente. Naturalmente necesitas también la ayuda de la honestidad y la transparencia. Siempre que experimentes esta sensación de «no estoy seguro de saberlo» puedes utilizar el haz de luz de la plena atención.

Es decir, observas tus responsabilidades y retomas la responsabilidad por aquello que tú has causado. Reparas el daño que has causado. ¿Por qué? Las personas codependientes tienen una importante tendencia a sentirse culpables y este sentimiento de culpa es en parte injustificado, pero sólo en parte. Deberías de hacer todo lo que está en tus manos para reparar el daño que has hecho y liberarte de esta manera de la culpa. Debido a tu codependencia tienes una acusada tendencia a sentirte culpable. Si estás preparado para poner orden en tu pasado, entonces puedes soltar todas aquellas culpas que son reales mediante la reparación del daño causado. De esta forma pisas tierra firme y las tinieblas que te envolvían empiezan a disiparse. Es posible que aún no puedas distinguir con toda exactitud entre el sentimiento de culpa justificado y el generado por la codependencia. Así pues, ¿a quién le debes algo? Una excusa, dinero, una respuesta, una conversación, una confesión, admitir que una parte de las dificultades de la pareja también provenían de ti? No tiene ninguna importancia la razón por la cuál actuaste así en aquel momento y lo injusto que fue contigo. En este paso se trata te observarte a ti mismo. (Tendemos a ser muy buenos detectando la actos injustos de los que somos las víctimas, pero ahora no se trata de eso). Lógicamente eres tú el que encabeza esta lista dado que probablemente seas quién más ha sufrido debido a la codependencia. Ahora puedes reparar un montón de cosas.

La finalidad de este paso es cerrar asuntos y liberarte de tus sentimientos de culpa. No se trata de un acto heroico y altruista sino de que los codependientes no podemos ir cargando con viejas culpas. Ya por naturaleza nos sentimos culpables y responsables de todo. Así que vamos a poner todo el orden que podamos en el pasado para sentirnos más tranquilos y libres.

Dado que lo haces para ti mismo, no tiene ninguna importancia si el otro te perdona o no. Es como cuando uno limpia su casa puesto que vive en ella, lo que hagan los demás no te incumbe. Sólo se trata de tu sanación y de que todo quede claro. Lo recalco para que entiendas la importancia de este paso, independientemente de lo justificada que haya estado la reacción que un día tuviste en el pasado. Me sabe mal decirlo, pero a los codependientes a veces les gusta demasiado asumir el rol de víctima y consideran que sus reacciones están justificadas. Bien, puede que lo estuviesen. Pero aquí se trata de las que no lo estuvieron tanto. Una cosa es que fueran comprensibles y otra que estén justificadas. Si algo dentro tuyo nota que no actuaste de forma absolutamente correcta se genera una fuente inagotable de pequeños sentimientos de culpa. Tu Yo superior es insobornable. Dentro de ti hay algo que te reconcome, una voz que no para de recordarte que aún hay cosas por arreglar. Y dado que parece que vivamos dentro de un pantano de sentimientos de culpa, vamos a vaciarlo y mirar atentamente qué podemos hacer para arreglar el asunto. Es así de sencillo y practico. Se trata de saldar las deudas que realmente tenemos y nada más.

Así que haz la lista y apunta de qué modo has perjudicado a quién, de forma clara y comprensible. Deja de lado por un momento la vergüenza, el enfado y los sentimientos de culpa, estás en compañía de tu ángel de la guarda, de tu animal de poder y de tu Poder Supremo. Imagínate que tienes ante ti un montón de viejas facturas por ordenar. Las que ya están pagadas van a parar a la papelera y pagas las que aún están pendientes para que por fin te puedas deshacer de este montón que ya está viejo y amarillento. Te prometo que te va a impactar el alivio y la liberación que vas a sentir y te sorprenderá lo pesada que era la carga que arrastrabas.

Muchos de nosotros que ya llevamos tiempo trabajando el tema de la responsabilidad espiritual, ya no nos permitimos sentir rabia y agresividad. Parece como si lo disolviésemos todo en amor y espiritualmente lo pintamos todo de color rosa. No culpamos a nadie y cargamos con todo el peso de la responsabilidad. «Esto lo he escogido yo mismo» o «He permitido que suceda», estas son frases con las que intentamos controlar la rabia y la tristeza. Sí, es muy posible que hayamos escogido la experiencia de ser heridos. Pero la rabia y las agresiones no son ninguna sombra (excepto que perdamos el control o que se conviertan en una respuesta estandarizada frente a la vida en general), sino una expresión sana y natural de nuestra vitalidad. Este mundo artificialmente espiritual en el que todo es de color rosa y alegre y DEBE SERLO, es una parte del mundo astral en el que buscamos refugio, una ilusión. No es auténtica y por ello tampoco es un sitio desde el que podamos proyectar luz verdadera sobre la Tierra. La auténtica energía esta llena de amor verdadero, no del lavado con suavizante, y en ocasiones se expresa con fuerza y de forma poderosa.

Muchas personas confunden el amor con la necesidad de armonía. El auténtico amor siempre va de la mano de la claridad, la capacidad de acción y una cierta falta de compromiso. Si sigues el camino de la Luz, necesitas la espada de la claridad, que está unida a tu corazón, necesitas valor para defender tu propia verdad, aunque no les guste a los demás. Quizás no te guste ni a ti mismo, pero no por eso deja de ser tu verdad. Necesitas fuerza para afrontar todo aquello con lo que te encontrarás, y especialmente con tu propia sombra. Si confundes la Luz y el Amor con algodón de azúcar, entonces eres adicto a la armonía. Es el niño interior que no es capaz de soportar conflictos. Si realmente vas por el sendero de la Luz entonces afrontas todo aquello con lo que te encuentras. Utilizas precisamente esta Luz para llevarlo a un estado de conciencia superior, pero esto es muy diferente que cubrirlo con una capa de almíbar, es reaccionar de forma clara e inequívoca y exigirle a los otros y a ti mismo acatar las leyes espirituales.

Para vivir al máximo tu experiencia es preciso que te permitas todas tus reacciones, también la rabia y sentirte herido. Si estás dispuesto a reparar algo necesitas observar atentamente tus emociones, si no significa que sólo estas dispuesto a medias y en el fondo te sigues sintiendo víctima. Así no puedes reparar nada. No se trata de que te sacrifiques, esto ya lo haces todo el rato, sino de que empieces a verlo todo desde otra dimensión y a recuperar tu energía. Si tienes la lista de las personas que te han herido profundamente, añade al lado lo que sientes exactamente. Si no te gusta escribir, entonces date el permiso de sentirlo intensamente, o mejor aún, búscate a alguien con quien puedas hablar, que te escuche en silencio y abra un espacio para ti.

Para estar realmente dispuesto a reparar una injusticia debes de honrar tus propias heridas. Si, estas herido, incluso muy gravemente herido. Admítelo, no lo apartes rápidamente de ti y tampoco te regodees en ello. Siéntelo y observa si estás dispuesto a admitir una visión superior de las cosas, incluso si no sabes cómo hacerlo. Si cargas con toda la responsabilidad, te perjudicas a ti mismo porque no avanzas nada, lo único que has hecho es repartir las cargas que arrastras de otra forma. Tu eres responsable en parte, y sí, posiblemente deberías haberte apartado, pero obviamente no podías, ¿es cierto? Debías de tener tus razones, por favor respétalas. Inclínate ante tu propia decisión, en aquel momento era la correcta, si no tampoco hubieses podido vivir esa experiencia. Perdónate a ti mismo por haberte involucrado en esta experiencia y observa cómo puedes rectificarla. Reparar significa cambiar la energía de forma que desaparezcan, dentro de lo posible, todas las consecuencias de una conducta, muy especialmente las consecuencias derivadas para ti.

¿Qué necesitamos para repararlo todo? Sólo tú tienes la respuesta a esta pregunta, sólo tú conoces el daño causado por tu conducta a los demás y a ti mismo. ¿Lo has leído bien? Sólo tú lo sabes, es decir lo sabe tu YO PROFUNDO. Por favor, siéntate de forma consciente en un círculo de luz, en tu haz de fuerza, ocupa de forma consciente tu sitio en la Tierra. Y ahora mira la lista. Quizás sepas instantáneamente cómo has dañado a los demás y cómo puedes reparar el daño causado. Si no es así, puede que te sirva el siguiente ejercicio.

Escoge uno de los asuntos que quieres arreglar e imagínate que la relación con la persona o institución implicada es como una casa. Mira en qué habitación te encuentras, qué aspecto tiene, si te gusta o no. ¿Qué sucede a la habitación cuando piensas en tu conducta codependiente, de qué forma se manifiesta aquí tu energía? Puede que no tenga ventanas, que sea una sala de torturas, una habitación infantil o un trastero, quizás es una habitación en la que se guardan armas. ¿Y tú qué haces, estas dando puñetazos y patadas o te sientes como un prisionero inmóvil? ¿Estás sentado en una celda? Mira a tu alrededor y fíjate en cómo te sientes, pon atención en qué piensas y si existe una escapatoria. Ahora pide ayuda a tu Fuerza Superior, tal como has aprendido en el tercer paso, a quién sea, al Orden Divino, tu Yo Superior, tu animal de poder, la pequeña mujer salvaje, en caso de que conozcas el libro[8], o cualquiera que sea la energía que te ayuda. Cuando notes su presencia pídele que te ayude a salir de esta habitación. Podéis abandonar la casa o buscar otra habitación en la que reinen la luz, el amor, la claridad y la libertad. Esta decisión no la puedes tomar tú, déjate llevar por tu Poder Superior, sabe perfectamente qué energía, qué habitación te es de ayuda en este momento. Entra dentro de esta habitación. (No lo cuestiones, confía ciegamente. TÚ no lo sabes, recuerda por favor que hemos soltado y pedido ayuda, así que vamos a aceptarla ¿de acuerdo?). Mira a tu alrededor y observa qué ocurre dentro de ti. ¿Cómo son las energías que reinan aquí, cómo te sientes, estás en compañía del otro o estás solo?

Desde este lugar puedes ver tus asuntos con claridad y ahora también sabes qué es lo que tienes que hacer para arreglarlo todo. Quizás tengas que escribir una carta o pedir disculpas, quizás realmente tengas que ir y decir «No» o quizás haya llegado el momento de dejar al otro en paz y de ocuparte de tu niño interior. Deja las cargas que llevas para él en manos de tu ángel de la guarda para que no tengas que cargar más con ellas, pues eso no sirve de nada.

En este libro no ofrezco una terapia, cuando hayas llegado a este punto, deberías de buscarte ayuda mediante libros, cursos, un tera-

---

8. Susanne Hühn, *Die kleine wilde Frau* (La pequeña mujer salvaje), Darmstadt 2008.

peuta experimentado. Aquello que necesites para salir de la conducta codependiente, por favor, HAZLO. Esto no lo puedes solucionar mentalmente, éste es el paso en el que te has declarado dispuesto para una acción concreta. Escúchate atentamente o pide a tu Ser Supremo que se encuentre contigo en este espacio y pregúntale qué tienes que hacer para que pueda volver a fluir el Orden Divino. Muy a menudo la solución es mucho menos dramática de lo que nos tememos. En todo caso, seguro que es menos dramática que todo lo que hemos provocado hasta ahora con nuestra conducta adictiva codependiente.

Así pues, ¿qué es lo que hay que hacer? Te ofrezco una fórmula para poder soltar que encontrarás también en mi libro *Loslassen und die ideale Beziehung finden*[9] (Soltar y encontrar la pareja perfecta). Te va a resultar muy útil. Esta fórmula se utiliza a menudo de forma parecida en las constelaciones familiares para cerrar asuntos antiguos.

Fórmula de liberación

Te agradezco todo lo bueno
que he recibido de ti.

Me lo llevo hacia el futuro
y lo honro.

Y lo que has recibido de mí
te lo puedes quedar para tu futuro.

De aquello que fracasó en nuestra relación
me hago cargo de la parte de responsabilidad
que me corresponde y la tuya la dejo
    enteramente en tus manos.
Y ahora estamos en paz.

---

9. Susannne Hühn: *Loslassen und die ideale Beziehung finden. In 12 Schritten zur erfüllenden Partnerschaft* (Soltar y encontrar la pareja perfecta. Doce pasos para conseguir una relación de pareja satisfactoria), Darmstadt 2006.

Ahora abandonas el espacio. Vas a notar si entráis juntos en otra habitación o si salís de la casa. Este ejercicio también lo puedes hacer regularmente si tienes una relación de pareja que funciona bien, para cerrar asuntos pasados y entrar juntos en un espacio nuevo. Todo lo bueno y luminoso pasará con vosotros en el espacio nuevo.

Notar en tu interior la disposición de pasar rápidamente al paso siguiente es buena señal, ya que ahora vas a cambiar de nivel, te espera un salto cuántico. Si estás demasiado tiempo dudoso se disipa la energía. Por cierto, ¿qué pasa con la duda?, ¿no formaba parte de tu lista de malas costumbres? Con la duda, indecisión, vacilación y titubeos, lo único que consigues es tenerte bajo control e impides que tu vida fluya, así que suelta esta conducta y da el salto. (Evidentemente es más fácil decirlo que hacerlo, pero a pesar de que me repita: no hay elección posible. También es más fácil no haber nacido que recorrer todo el camino hasta la Tierra, pasar esos nueve meses y no hablemos del nacimiento, de aprender a andar y de la dificultad que representa empezar a hablar. ¿Cuántas veces te caíste de la bicicleta? Pero finalmente lo aprendiste, así que también vas a poder con esto, tengo plena confianza en ti).

Noveno paso

Date permiso para hacer las paces con el pasado y con el presente

Queda en paz contigo mismo y con los demás y date permiso para perdonarte.

¿Qué significa quedar en paz? ¿Cómo notas que algo «queda en paz» y quién lo constata? Quedar en paz se refiere, en este contexto, a que se reinstaura el Orden Divino, que vuelven a regir las leyes espirituales y que las cosas vuelven a su orden natural. Para esto hace falta abandonar el control. No sabes cómo es este orden, sólo puedes estar dispuesto a dejar que actúe. Esto implica que estás dispuesto a sentir todo, pero todo lo que sientes y a ser extraordinariamente sincero contigo mismo.

¿Cuántas veces has actuado por amor y te has perjudicado por ello? Sí, ya sabes que no era amor sino codependencia. Déjame que lo vuelva a preguntar de nuevo: ¿cuántas veces te has perjudicado a ti mismo por auténtico amor y de forma consciente? No todo es codependencia. Algunos sacrificios son regalos que hacemos de forma totalmente consciente por amor, incluso si nos perjudican o nos perjudican aparentemente. Algunas cosas se deciden a un Nivel Superior a pesar que parezca una conducta adictiva del síndrome del salvador. A veces tenemos que hacer algo por amor y pagar un precio muy elevado por ello. Según el Orden Divino tampoco hay ningún problema, somos nosotros quienes nos lo echamos en cara. Sí, también tú te has perjudicado y ahora puedes dejar de hacerlo, pero has hecho una buena obra para el otro y no es culpa tuya que el otro no quisiera o pudiese aceptar tu ayuda. Sabes que algo en tu interior necesitaba intentarlo. Ha llegado el momento de que se reconozca lo que has hecho y seas bendecido. Sí, has dado más de lo que te convenía. Si había otras razones en juego, no tiene importancia, principalmente lo hiciste por auténtico amor. Puede que interviniese un poco el control, también el ego que quería ser necesitado. Si, pero esto ya lo estás abandonando. Por el amor que fluyó en este proceso, vas a recibir bendiciones y sanación, para que finalmente puedas soltar. Y para el sacrificio recibes reconocimiento y compasión.

El mundo espiritual dice:

Si das demasiado, después te vas a sentir avergonzado, notas tus carencias e incluso que no te has hecho ningún favor. Y en cambio: no tienen importancia los motivos que te hayan impulsado; seguro que ha influido el hecho de que eres un ángel y, como tal, simplemente estás acostumbrado a ayudar cuando alguien lo pide. Y por ello mereces ser honrado, porque si no tu sacrificio no es valorado y sigues avergonzándote de haber dado demasiado. Aquí en la Tierra no tiene sentido y no es útil que te esfuerces por encima de tus límites para estar disponible para alguien. A pesar de ello hay una parte tuya que realmente quiere dar de forma altruista, que no es codependiente ni sigue una conducta adictiva, sino Amor puro y auténtico. Esta parte merece ser honrada y bendecida.

El ritual de quedar en paz con uno mismo

Por favor, imagínate un haz de luz justo en medio de la habitación en la que estás. Colócate dentro con un libro en la mano. Ahora te imaginas que directamente del corazón de Dios surgen amor y bendiciones que fluyen por este haz de luz hasta penetrar dentro del tuyo. Estas bendiciones entran en tu interior con las siguientes palabras:

Siente cómo todos los ángeles y la mano de Dios te bendicen,

- *si por amor has hecho cosas que te han perjudicado.*
- *si por amor no has traído al mundo un niño o lo has abandonado.*
- *si por amor no has realizado o has postergado tus sueños.*
- *si para estar disponible para otra persona has descuidado tu propia vida y tus asuntos*
- *si has mentido o robado por alguien.*
- *si has intentado cargar con el lastre de otra persona a pesar de que quizás hayas sentido que no sería de ayuda alguna.*
- *si has reprimido tu sexualidad y tu vitalidad para cuidar de alguien o para poder permanecer con él (por ejemplo si has tenido una pareja o un hijo enfermo).*
- *si has intentado ayudar a alguien económicamente y te has metido a ti mismo en dificultades.*
- *si has negado tus propias necesidades para evitarles problemas emocionales a otras persona.*
- *si por amor has permitido ser herido.*
- *si has intentado una y otra vez encontrar un camino común para vosotros dos, aunque notabas que ya no podíais seguir juntos.*

Apunta en una hoja de papel lo que has hecho por amor, sólo tu conoces tu verdadera historia. Y reconoce los sacrificios que has hecho.

Di las siguientes palabras en voz alta: «Reconozco el gran sacrificio que has hecho y te bendigo y honro por ello, dado que lo has hecho por amor».

Sí, todo esto ha sido inútil y además te has perjudicado. Por supuesto que vas a dejar de hacerlo inmediatamente. Pero sigues perjudicán-

dote si no te reconoces el mérito y no dejas que se aleje de tu vida en paz. Tus intenciones conscientes eran puras, independientemente de los motivos inconscientes que actuaban en tu interior. Hoy sabes más pero en aquella época actuabas de la mejor manera posible.

Y ahora tienes la posibilidad de decidir por amor de manera distinta. Así que pregúntate si estás dispuesto a utilizar de nuevo tu poder de creación y a seguir otros caminos, que te sean de ayuda y sirvan para manifestar tu divinidad.

Si estás dispuesto a ello, di en voz alta: «Te bendigo y honro por tu decisión de seguir caminos nuevos a partir de ahora».

Lo que realmente duele no es el sacrificio. Si notas que sirve de algo, lo haces a gusto. Lo que causa el sufrimiento es su inutilidad, que no le haya aportado nada al otro, que no le haya hecho más feliz. Ni le has curado ni le has ayudado a crecer ni has recibido a cambio aquello que deseas con tanto anhelo. Suéltalo. El sacrificio ya está hecho y tu recibes reconocimiento por ello, pero no sigas sacrificándote, realmente no le sirve a nadie, ni a ti, ni a Dios. Si has sacrificado ámbitos importantes de tu vida para servir a alguien, sin aportar beneficio alguno, puedes lamentar el tiempo y la energía desperdiciados, y también las oportunidades que has perdido, pero a continuación sigue tu propio camino. Cada minuto que sigas sacrificando es tiempo perdido.

Pero si tu sacrificio fue útil durante un determinado tiempo entonces honra tu sacrificio y date el permiso de sentir que el acuerdo que teníais entre los dos ya no tiene vigencia y quizás incluso haga tiempo que ya no la tuviese. Si estás cansado y agresivo, si tienes que controlarte permanentemente, si tienes una sensación clara de que estás desperdiciando tu vida, entonces ha llegado el momento. No has desperdiciado tu vida dado que has cumplido tu parte del acuerdo. Si no tienes un acuerdo con el otro a nivel espiritual, es decir no has tomado la decisión de ayudarle en su desarrollo personal, dejando de lado por un tiempo tus propias necesidades, por regla general tampoco lo haces, al menos no durante mucho tiempo.

En este paso empiezas a establecer una relación sana contigo mismo. Te pido por favor: tómate tu tiempo para sentir claramente cuáles son tus auténticos deseos y necesidades, como si te hubieses enamorado y quisieras averiguarlo todo acerca del otro. ¿Qué te hace feliz? ¿Qué te hace sentir bien? ¿Cómo es tu hogar ideal? ¿Con qué actividades disfrutas? ¿Cómo te gusta vestirte? ¿Cuál es tu comida preferida y qué necesitas para poderte relajar? ¿De qué forma te gusta recuperar fuerzas y qué necesidades quieres satisfacer por fin? ¿Qué puedes hacer por ti mismo, cómo quieres estabilizar tu relación contigo mismo a partir de ahora? ¿Qué es lo que te ha interesado desde siempre y qué parcelas de ti mismo tienes ganas de explorar mejor o de conocer por primera vez?

Es importante que te tomes tu tiempo para todo lo que hagas, observes atentamente cómo te sientes con ello, si te gusta o no. Imagínate que eres una persona a la que no conoces (posiblemente no necesites imaginarlo porque de hecho es así) y averigua sin ideas preconcebidas qué es lo que le gusta a esta persona y qué es lo que no le gusta. Es posible que hayas vivido tanto tiempo a través de los demás que ni seas consciente de lo poco que te conoces. Así que no hagas las cosas porque «siempre las he hecho así», date permiso para empezar totalmente de nuevo y descubre cómo te gusta hacer las cosas, qué es lo que realmente te conviene y concuerda con tu manera de ser. No te juzgues, ten una actitud muy abierta, aprende a conocerte de verdad, sácate las gafas con las que te has mirado hasta ahora. Para tu sanación es esencial que tengas una buena relación contigo mismo, que aprendas a notar, que sepas lo que necesitas, que lo consigas y que te ocupes de tenerlo siempre, tienes que tomarte muy en serio tus necesidades y pedir ayuda si hace falta. Lo que precisas puede ser totalmente diferente a lo que has tenido hasta ahora y no debes cuestionarlo. Ahora notas lo que te llena y te pido que te lo tomes en serio sin que te importe lo que digan los demás. Tú eres la Luz que gracias a ti ha descendido a la Tierra, eres la antorcha y sólo tú sabes lo que necesitas para que tu luz brille tan maravillosamente, con tanta fuerza y tanta intensidad como sea posible. Así que aprende a conocerte y comprométete a conseguir que esta persona tan especial que eres sea debidamente respetada. Insiste en que tus deseos son importantes y que tienen una razón de ser. ¿Cómo sabes que tus deseos no contienen exactamente esa luz que ha hecho posible que bajaras a la Tierra? No necesitas permiso de nadie para cuidar bien de ti mismo, este encargo ya lo recibiste hace mucho tiempo. Nunca ha sido cuestionado.

A continuación te propongo una meditación que te servirá para soltar lo viejo, reparar daños y quedar en paz contigo mismo.

El puente hacia una energía nueva

Ponte cómodo y haz un par de respiraciones profundas. Al leer esta meditación, irás notando lo que sucede dentro de ti. Quizás quieras leerlo a trozos para poder ir experimentando el proceso.

Imagínate un haz de luz, invita a todos tus guías espirituales, tus maestros, tus ángeles de la guarda, tu animal de poder y todas aquellas fuerzas que te ayudan. Este haz de luz tiene una frecuencia de vibración muy elevada, quizás contenga la fuerza dulce y compasiva de Venus o la energía purificadora y clara de color dorado-rojo rubí de Jesucristo, quizás también sea blanca o dorada. En todo caso esta luz es exactamente aquello que necesitas hoy y en este momento. Te colocas bajo el haz y te sientes aliviado y suspiras. La luz arrastra hacia fuera todo aquello que se ha acumulado dentro de ti durante los últimos meses, años o reencarnaciones. Todo lo viejo se disuelve en Luz y Amor. Permanece tanto tiempo como necesites bajo el haz de luz. Cuando salgas de él observa el paisaje tan maravilloso en el que te encuentras, es tan bonito que parece emitir una fuerza mágica. Notas que aquí te espera algo muy especial, una experiencia única, una posibilidad maravillosa.

Das un paseo y de repente tomas conciencia en qué ámbitos de tu vida aún no te sientes libre, sigues a la vieja energía, te influyen los sentimientos de carencia y miedo, aunque sea de una forma poco intensa. No sabes cómo cambiarlo pero eres consciente que ya no concuerda con tu nueva vida. De repente ves a lo lejos una luz, intensa, brillante, te sientes más ligero y notas que tienes que seguir este camino. Te diriges hacia la luz y te das cuenta que te encuentras a los pies de un puente que de hecho es un arco iris, el puente que te va a llevar hacia la energía de una tierra nueva. Y de repente notas una presencia amorosa, nutriente, te encuentras delante de Gaia. Es muy bella, joven, como recién nacida, resplandece y desprende luz desde su interior, y te sientes inundado por la compasión de su amor.

«Te agradezco que me quieras tanto que hayas cargado con todas las experiencias de la densidad y el peso» dice, «Te agradezco que junto a mí hayas descendido a la Tercera Dimensión, para experimentar también esta parte de la Creación, pero ahora ha llegado el momento de probar algo nuevo. Te agradezco que hayas aguantado tanto tiempo hasta poder realizar mi salto cuántico y te nutro con mi amor y compasión para que prosigas tu camino, de la misma manera que tú me alimentas con tu Luz».

Sientes la fuerza cálida, maternal y consoladora que fluye dentro de ti y se expande por todo tu ser. Gaia toca tu corazón. Parece que diga «Sígueme» y ves al otro lado del arco iris una luz centelleante. El arco iris está encima de un profundo abismo. El puente es tan ligero que no puedes pisarlo sin más. Está compuesto por luz y energía cristalina y no de materia firme, y te das cuenta de que probablemente peses demasiado para poder pasar por encima del puente. Y también notas que estás ante el siguiente paso.

Ahora, aparece un ángel poderoso u otro ser espiritual o quizás Saturno, el Guardián. Estás de pie ante él, todo respeto, y te pide que le des todo lo que pesa y te obliga a permanecer en la vieja energía.

Te abres totalmente y le das el permiso de coger todo aquello que te impide cruzar el puente del arco iris dado que notas que ha llegado el momento y que tu mayor deseo es vivir con amor y ligereza: quizás lleves la vieja energía aún a modo de escudo, quizás está en tu interior en forma de cristales o piedras, quizás tengan la forma de una vieja armadura o un abrigo, es igual cuáles sean los símbolos que aparecen, permítele que te libere.

Ábrete más y más y dale el permiso al Guardián de liberarte, de todo lo que te haya herido, de todas las dudas, de todas las decepciones, de cada engaño, de todas las experiencias de amor fallidas, de las veces que fuiste rechazado o que lo fueron tus talentos, tu entrega o lo que le ofrecías a la vida, de las experiencias de separación, pérdidas y muerte.

El Guardián te libera de todo lo que aún pesa, lo saca de dentro con cuidado, quizás lo sientas a nivel corporal o emocional. Extrae de ti tu corazón herido y lo limpia, y este proceso dura hasta que sientes que estas suficientemente ligero para poder pasar por el puente del arco iris bailando.

Y esto sucede ahora. De repente notas que te atrae una nueva energía y atraviesas el puente del arco iris bailando o quizás incluso volando. Notas la levedad, la alegría, el amor, y que realmente has dejado todo atrás y que ahora estás realmente dispuesto y libre para empezar una nueva vida. En algún momento notas que has llegado. El suelo bajo tus pies vuelve a ser más firme y empiezas a sentirte enraizado. Y ahora te saluda Gaia, una Gaia joven, bella y resplandeciente, la guardiana de la nueva Tierra. Te saluda en su existencia nueva y su amor fluye a través de ti. Te regala un corazón nuevo, ella te lo coloca en tu interior y ahora experimentas un milagro: puedes inspirar amor, luz y energía nueva, hacer que pase por tu corazón, atraviese el puente y vaya hacia la energía vieja, hacia los asuntos que aun no están resueltos y libres. Permanece erguido con los dos pies firmes en la energía nueva, vives en la tierra nueva y envías desde aquí esta nueva fuerza hacia tu vida, en aquellos ámbitos en los que aun necesitan mayor ligereza. Puedes hacer lo mismo para todo el colectivo de personas. Esta nueva energía no la abandonarás nunca más, estás anclada de forma firme y segura en la fuerza nueva y respiras el amor hacia atrás y de esta forma se liberan tus viejas condiciones de vida como por sí solas.

Ya no vuelves a la situación antigua y la liberas desde dentro, sino que permaneces anclado en la energía nueva y respiras desde aquí amor y tu nueva ligereza en todos los aspectos de tu vida que aún necesitan ser liberados que aún pueden fluir más ligeros y llenos de luz. Gaia fluye a través de ti con su amor y alegría, notas que realmente ha renacido, baila como una chica joven en su nueva energía y te ilumina con su ligereza. Inspírala y al espirar envíala a las situaciones de tu vida que aun pueden ser más ligeras, pero permanece en esta nueva energía dorada, ¿notas la diferencia?

Quizás también te sea útil el siguiente ejercicio espiritual:

Pide poder volver a experimentar la situación en la que te comportaste de forma codependiente o al menos no según las reglas del Poder Supremo. Imagínatela, observa tu propia conducta, escúchate a ti mismo y nota tus sentimientos. Percibe también tu necesidad, aquello que hizo que reaccionaras de esta forma tan inadecuada y pídele al Poder Supremo que esté contigo. Y ahora entras dentro de la situación así como estás sentado ahora con el libro entre las manos. Entra dentro, abrázate a ti mismo y di que a partir de ahora vas a cuidar de ti mismo y actuar y reaccionar de forma diferente. Haz aquello que sientas que está bien, dale al otro lo que realmente quieres darle, pon tus límites cuando haga falta y muestra comprensión según lo que requiera la situación. Observa cómo pagas dinero y cómo no lo aceptas, cómo pides perdón o actúas rápidamente de forma correcta de manera que no haga falta pedir perdón. Observa cómo te sientes en paz contigo mismo porque no sigues el viejo camino trillado sino que ahora lo haces todo tal como le parece correcto al Poder Superior.

Si sabes que no puedes actuar de otra forma pero que esto afecta la vida del otro (por ejemplo, si lo tienes que abandonar, cambiar de ciudad, de trabajo, de proyecto de vida, ya no puedes estar por él como quisiera) entonces imagínate que te inclinas ante él y le dices que respetas su destino. Acepta la responsabilidad por el daño que le infliges pero no por lo que siente y cómo lo maneja. No eres responsable de ello, sólo por lo que haces e implica para el otro pero no de cómo gestiona la situación. Hay una gran diferencia entre ambas cosas.

Eso es mas fácil decirlo que hacerlo ¿no? ¿Pero qué haces si alguien te amenaza con matarse (o incluso matarte a ti) si te vas? ¿Qué haces si alguien te hace chantaje emocional y te manipula a su gusto? La frase maravillosa «Yo ya no estoy a tu disposición» ya no te parece tan útil como parecía. Te equivocas. Lo se, ES muy fácil decirlo y muy muy difícil llevarlo a cabo. Pero si poco a poco dejas de estar a disposición del otro, de ser su victima, si te conectas una y otra vez con el Poder Superior y estás realmente dispuesto a hacerte responsable de todo lo que has atraído hacia tu vida, si reconoces a qué fin sirve la impotencia en tu vida y si estás dispuesto a abandonar este campo energético, entonces no le queda otra opción a la vida que seguirte. Tendrás tu oportunidad de salir de la situación cuando interiormente estés realmente dispuesto, cuando hayas reunido el valor y cuando abandones tu actitud de víctima. Si te encuentras en una situación de estas características, por favor BUSCA ayuda.

Desde aquí no puedo hacer nada por ti, no puedo ayudarte a salir de una situación peligrosa, pero puedo pedirte que tengas valor. Te pido que seas valiente y pidas ayuda a personas o instituciones que sí pueden ayudarte, un terapeuta, la policía o una casa de acogida, si hace falta. Encuentra el camino por el que salir de tu propio sistema de victimismo, acude a un grupo, deja que te den consejos, haz todo lo necesario para recuperar la responsabilidad de tu propia vida. Lo puedes conseguir. Eres tú el o la que necesita protección, no el o la otra. Por favor, cuida bien de ti.

Hay una cosa de la que aún no hemos hablado: ¿qué pasa si no has mostrado tu enfado, si has sido demasiado comprensivo, no te has defendido? Va siendo tiempo de cambiar estas reacciones codependientes, demasiado amables. Si la situación externa es demasiado insegura, si te mantienes a distancia de esta persona, entonces vuelve a la situación en tu imaginación, obsérvate en la situación y entra en ella tal como estás ahora, sentado con el libro entre las manos, con todo el conocimiento del que dispones ahora. Ve y abrázate, dile a la parte más joven de ti mismo que ahora vas a arreglar las cosas y ahora te enfrentas al otro, dile todo lo que tengas que decirle, muéstrale toda tu rabia o dile por fin «No», deja de prestarle dinero, no pongas buena cara al mal tiempo. Pon tus límites y muéstrate fuerte y seguro de ti mismo, como si fueses capaz de defenderte. Saca a tu niño interior de esta situación si es que está allí paralizado y como en estado de shock. Ve hacia tu niño interior, cógelo en brazos y dile que ese no es un lugar para él, que ahora estás con él y que le vas a cuidar. Dile que contigo está seguro y a partir de ahora acuérdate de llevarle a un lugar seguro cada vez que estés en una situación emocionalmente comprometida.[10]

Simular es un recurso importante, porque a pesar de que de hecho aún «no has llegado tan lejos» es una forma de entrenar nuevas conductas. El cerebro sustituye las viejas conductas por las nuevas y le crea nuevas conexiones neuronales, amplías tus posibilidades de actuación al comportarte de una forma más sana y clara que hasta ahora. Te puede parecer un poco artificial, como si te engañaras a ti mismo y en cierto modo es así. Engañas a tu parte adicta y actúas de una forma sana, aunque esto sea nuevo y te sientas extraño.

Si te atreves y la situación es segura puedes escribir una carta o hacer una llamada telefónica o sé realmente valiente y ve a buscar a la persona y dile cómo te sientes. No se trata de empezar una pelea. Pero ya va siendo hora de poner las cosas en claro y de mostrar qué energías son realmente útiles. En primer lugar esto mejora tu propio campo energético y en segundo lugar puede que ponga en movimiento algo en la otra persona, aunque éste no sea tu objetivo. Si como efecto colateral se genera algún tipo de comprensión, tanto mejor. Pero no es lo principal, aquí se trata de tu propia curación.

Te ofrezco una meditación mediante la cual le puedes devolver al otro de forma amorosa y atenta las cargas que llevas en su lugar.[11]

Devolver las cargas

Ponte cómodo, cierra los ojos y date el permiso de notar de forma clara y consciente aquello con lo que cargas, en sentido físico. Seguro que no es una sensación agradable, pero hazlo igualmente, para que te quede

---

10. Encontrarás mas información en mi libro: *Die Heilung des inneren Kindes. Sieben Schritte zur Befreiung des Selbst*, Darmstadt 2007 (La curación del niño interior. La liberación del Yo en siete pasos), y en el CD *Die Heilung des inneren Kindes: Die Meditationen*, Darmstadt 2009 (La curación del niño interior: meditaciones).

11. Susanne Hühn, *Viaja con tu ángel de la guarda*, Editorial Panamericana. Colombia.

claro. *Haz unas cuantas respiraciones profundas y pídele al cuerpo, a tus sentimientos y tus pensamientos que te muestren todo con lo que cargan para los demás. Es posible que ahora sufras síntomas corporales, dolor de cabeza, presión en el vientre, quizás te cueste respirar o tienes ganas de llorar. Todo esto es lo que arrastras para los demás. Lo haces por amor y porque esperas que así los otros estén más aliviados y esto es magnífico, muchas gracias por hacerlo. Pero existe una manera mejor de manejar las dificultades de los demás. Así que imagínate un haz de luz, cálido y en el que te sientes seguro, un haz de luz que te alimenta y te da soporte. Colócate dentro de él y nota el alivio cuando el flujo atraviesa las células y se lleva parte del peso. Si sabes para quién llevas todo este peso, imagínate a esta persona delante de ti. Nota claramente cuánto pesa tu carga y quizás también sientas en qué parte del cuerpo la guardas. Mira a la persona que tienes enfrente, nota su amor hacia ella, su impotencia ante aquello por lo que tiene que pasar. Quizás no sientas amor sino rabia y enfado. No importa. Si no sintieses mucha compasión por ella no estarías cargando con todo esto. Y ahora le pides a su ángel de la guarda que acuda. No importa si crees en ángeles o no, simplemente haz cono si existiesen. Pídele al ángel de la guarda que venga y mírale si puedes.*

Dile lo siguiente «Llevo las cargas de mi madre (o de tu padre o de quién sean) y lo hago a gusto y con amor: pero ahora te las doy para que las conviertas en ligereza y amor».

Supongo que lo has entendido bien, no se las devuelves a tu madre, en este caso no hubiésemos avanzado nada. Pero si se las das al ángel de la guarda de aquella persona, entonces éste puede ocuparse de que desaparezcan o que cambien de acuerdo a las necesidades del otro. Es posible que la persona cuyas cargas llevas necesite aprender algo y precisa de esta carga para entenderlo. Si se las das al ángel de la guarda, éste va a transformar la carga, aligerarla o dejarla actuar un poco más hasta que la persona haya aprendido lo que debía aprender.

Haz lo mismo con todas las cargas que lleves para los demás, en especial con el dolor por el mundo y los animales. Pide a todos los ángeles de la guarda que te liberen de estas cargas para transformarlas en amor y ligereza o mejor aún en conciencia y conocimiento. Con ello haces una gran contribución para toda la humanidad y lo puedes repetir siempre y cuando quieras. No olvides este ejercicio, te puede ser útil, lo puedes necesitar una vez y otra vez a lo largo de tu vida, para asuntos más o menos importantes, siempre que veas sufrimiento. Pídele inmediatamente al ángel de la guarda de esta persona, animal o país que transforme este sufrimiento y lo deje en manos de Dios. Envíale tus bendiciones en forma de un haz de luz procedente de tu corazón. No tienes que hacer nada más. Si hay algo concreto que se tenga que hacer en el exterior, si realmente quieres ayudar a nivel físico, lo notarás. La ayuda espiritual que transmites es un gran tesoro y aunque tengas la sensación de que no estás haciendo nada, lo cierto es que estás enviando Amor y Luz al otro. A partir de ahora puede seguir su camino y podrá crecer y ser libre.

Décimo paso

Reconoce cuándo recaes en los viejos patrones de conducta y abandónalos

Por favor sigue confeccionando la lista del cuarto paso. Si actúas según viejos patrones reconócelo y deja de hacerlo.

Bienvenido al presente. Ahora se trata de utilizar todo lo que has aprendido en la vida cotidiana. ¿Siempre? Sí, siempre. Si no lo haces, no vas a aprender nunca las formas de conducta nuevas, es como si de vez en cuando tomaras un poco de droga, y esto no puede ser. Es todo o nada. Así que, sí, siempre. Pero la buena noticia es que sólo por hoy. No tienes porqué preocuparte por mañana. Muchos adictos ven su vida como una inmensa montaña que tienen que escalar y fracasan ya en el intento de imaginárselo. Esto es más que comprensible. Sólo tienes que hacer el tramo del camino que te toca hoy. En este espacio de tiempo delimitado puedes ejercitarte, sólo hoy decir la verdad, actuar de forma auténtica y tomarte en serio.

¿Qué pasa si hoy no actúas de forma codependiente y te comunicas con tu Poder Superior a cada paso que das? Primero: desaparecerá esta sensación interna de estar estancado en la niebla, te percibirás de forma clara y precisa y te sentirás más ligero y libre. La carga que llevas sobre los hombros desaparecerá. En segundo lugar: posiblemente te asustes cuando veas la multitud de patrones codependientes mediante los que te relacionabas con el mundo. Ahora te das cuenta de cómo has estropeado tu vida con tu adicción a las relaciones. Posiblemente te asustes cuando lo veas. Pero esto puede cambiar y vivirás con una claridad inesperada, aunque aún no sepas imaginártelo.

Resulta muy útil ponerse la siguiente pregunta ante cualquier cosa que vayas a hacer «¿Es esto lo que realmente quiero?». Si puedes manejar la situación entonces actúa exactamente tal como quieres y si no, pídele ayuda a tu Poder Superior.

Ahora vas a notar claramente con qué frecuencia tomas una iniciativa cuando te amenaza el vacío energético (ayudas a alguien, o haces algo para otro porque no soportas que en este momento no haya intercambio energético entre vosotros dos), notas claramente cuánto dependes de que haya continuamente un flujo claramente perceptible entre tú y el otro y que estás dispuesto a todo para que ese flujo no se interrumpa. Seguro que te pillas unas cien veces al día intentando controlar el flujo entre tú y el otro, para sentir algo así como bienestar. Llevarle una taza de té a tu compañero ya puede ser un acto de manipulación, si lo haces para conseguir a cambio su atención o agradecimiento en vez de aguantar el vacío que aparece porque el otro está concentrado en otra cosa que no seas tú. Ahora entiendes el mecanismo. Por supuesto que le ofreces una taza de té a mucha gente y que no hay que exagerar. Lo importante es que entiendas que en este momento posiblemente seas TÚ quien necesita algo y no el otro. Siempre es muy útil saber qué es lo que te gratifica, qué te produce satisfacción de forma independiente a los demás y que no tenga que ver con sustancias adictivas o con cualquier exceso.

Es tan importante entender que en todo lo que hacemos de forma codependiente actúa la adicción a la energía del otro, su reconocimiento, sus alabanzas, su amor o al menos su atención. Si abandonas la conducta adictiva caerás a menudo en un estado de vacío interno ¿Y qué hacemos entonces? ¿Cómo soportamos esta oscuridad, el miedo del niño interior, los abismos de los miedos existenciales del ser humano? ¿Cómo vamos a cuidar de nosotros mismos si caemos en todos los miedos que hemos estado evitando? Por supuesto que nos ocupamos del niño interior, buscamos ayuda y salimos una y otra vez de estas situaciones. Pero queda este vacío que reaparece siempre cuando nuestras conductas son abstinentes y mantenemos el contacto con nosotros mismos.

Conseguir la abstinencia de conductas codependientes es de las cosas más difíciles que podemos hacer para nuestro bien, y además puede ser que fracasemos. Por eso sólo lo tenemos que hacer hoy, a veces sólo un segundo. Y si fracasamos empezamos de nuevo y pedimos ayuda y al Poder Superior que nos aporte energía vital justo a este nivel, en el vacío, en el anhelo de la adicción (una experiencia que puede ser horrible, pero, y esto te lo prometo, va a ir disminuyendo hasta desaparecer). Por ejemplo, cuando estamos abstinentes dejamos de hacer preguntas que agobian al otro y en cambio soportamos el vacío y la inseguridad con ayuda de la energía de las fuerzas luminosas y confiando en nuestro corazón. Al mismo tiempo insistimos en obtener sinceridad. Por ejemplo, si antes no hacíamos preguntas por miedo a la respuesta, ahora mostramos nuestro malestar y preguntamos.

Existe un marcador interno insobornable que nos muestra claramente las energías que están actuando. Notamos, si el otro nos quiere o no, y además sabemos si una relación, del tipo que sea, es sana y nos aporta algo. De la misma manera que el codependiente es muy vulnerable, también es muy fino sintiendo cuáles son las energías que están actuando. Así que en vez de sentirnos ofendidos, heridos o actuar de forma controladora, cuando el otro no nos trata como a nosotros nos gustaría, vamos a observar atentamente y sentir qué es lo que sucede realmente. ¿Es nuestra reacción (no sólo la acción sino también el sentimiento) adecuada? ¿O acaso pertenece al viejo patrón? Podemos dejar de luchar por recibir amor y tener el valor de ver qué es lo que queda, si por una vez no aportamos nada. ¿Cuánta energía aporta el otro a la relación? ¿Qué sucede si por una vez andamos la parte del camino que nos toca, es decir la mitad y no intentamos compensar lo que el otro no hace? ¿Cómo nos sentimos al darnos cuenta de que la relación, la amistad, el compañero de trabajo, de hecho es unilateral y se alimenta sobre todo de nuestra energía? ¿Y cómo reconocemos la carencia auténtica, cómo distinguimos entre la auténtica falta de cariño y la que nos imaginamos? Dado que todo lo relacionamos con nosotros aunque no tenga nada que ver, es muy difícil tener una visión lúcida para poder reaccionar de una forma sana. Estamos pasando por un mal momento y nuestra amiga no tiene tiempo para hablar con nosotros por teléfono porque está ocupada arreglando los armarios. ¿Esto tiene que ver con nosotros? «Si realmente fuera importante para ella...», y así. Bien, quizás realmente tenía que arreglar esos armarios por alguna razón y no tiene nada que ver con nuestra relación. No nos rechaza, simplemente no tiene tiempo, son dos cosas totalmente diferentes. No para nuestro niño interior, pero sí para nuestra amistad. Y sí, no hay problema en que sus armarios en este momento sean más importantes para ella que nuestros sentimientos, al menos de vez en cuando. Ella es la responsable de su casa y nosotros de nuestros sentimientos. Vamos a repetirlo: ¿como manejamos esto? De entrada nos damos permiso para sentirnos mal. Si no tuviésemos este vacío interior no seríamos codependientes. Y si dejamos nuestra droga caemos en un pozo sin fondo.

Y ahora es cuando la cosa se pone peligrosa, porque ahora es cuando empieza el síndrome de abstinencia. ¿Sabes qué estrategia utiliza la codependencia para conseguir que llames por teléfono? ¿Cómo la adicción se cuida a sí misma? Mediante sentimientos de culpa. De repente te sientes tan culpable que no puedes hacer otra cosa que llamarle, para hacer algo por el otro, para cuidarle, para hacer cualquier cosa que reestablezca el flujo entre vosotros dos, para conseguir energía de él, para ser totalmente sinceros, para conseguir reestablecer el flujo de energía de él hacia ti. ¿Entiendes ahora porqué son tan importantes los pasos octavo y noveno? Ahora sabes distinguir si le debes algo o si es un sentimiento ligeramente rencoroso el que te hace retomar viejas conductas codependientes. El sentimiento de culpa del codependiente se puede comparar a los temblores del alcohólico durante la deshabituación, al síndrome de abstinencia con toda su violencia. El síndrome de abstinencia de la codependencia es igual, casi insoportable. A pesar de lo difícil que es, aguanta. Es un truco de la adicción, una maniobra de supervivencia, la abstinencia quiere acabar con ella, así que utiliza todo lo que tiene a su alcance para que vuelvas a «emborracharte», y es muy hábil, te seduce mediante pensamientos, sentimientos y con dolores físicos. La adicción se sabe cuidar bien, tu cuerpo emocional quiere amor, reconocimiento, energía.

Vamos a hablar de los flujos de energía. En las relaciones hay energías superficiales y otras que actúan a nivel más profundo. Es posible que una relación superficialmente parezca muy equilibrada pero a un nivel más profundo sea unilateral y se mantenga gracias a tu aportación. Tu corazón lo sabe, puesto que tienes un sentido muy fino para detectar la verdad. Si eres adicto, tu cuerpo emocional reacciona ante «fast-food», es decir energías disponibles rápidamente e intensas, ante aquello que sucede en la superficie. Es posible que alguien parezca ignorarte en este momento (porque está ocupado con otra cosa y su energía momentáneamente no está disponible para ti) con lo que tu cuerpo emocional no recibe energía. A un nivel más profundo notas el calor, la unión, el amor. A la inversa puede ser que tu cuerpo emocional reciba constantemente suministro, alimento en forma de piropos, frases amorosas o peticiones de ayuda. «Te necesito tanto», «Qué haría yo sin ti», «Esto no me lo puedes hacer»… Las energías superficiales son extrañamente vacías e insípidas y crean adicción porque, como el algodón de azúcar, no nos alimentan. El pan integral que nos alimenta el alma no va pregonando nada, sino simplemente está, da fuerza y soporte. Esta energía no es tan espectacular y vociferante, no llena el cuerpo de emociones sino que llega al corazón. Esto no crea adicción sino que, si es que lo notas te deja satisfecho. Si somos adictos, percibimos las energías rápidamente disponibles y no vemos que no nos conviene. El dolor, la nostalgia, la sensación de ser necesitados son sentimiento superficiales que llenan el cuerpo emocional. Por eso su poder adictivo es tan grande. Amor, el amor auténtico, el cariño verdadero es más silencioso, tranquilo y mucho menos espectacular. Por eso nuestro sistema tan alborotado no percibe estas energías. Cada conducta codependiente alimenta el círculo adictivo y le da la información al cerebro de reaccionar mediante sentimientos de culpa ante la próxima situación de carencia, pues esto es lo que funciona ¿no? Al primer indicio de abstinencia —y este tipo de adicción es especialmente pérfido, porque no se reconoce como tal siendo que simula culpa y compasión auténtica—, ya hemos cogido el teléfono o decimos «Sí» en contra de nuestra voluntad. Perdonamos por décima vez que el otro no nos haya devuelto el dinero, escuchamos otra vez su historia, le ofrecemos nuestro coche, nuestra ducha, nuestro corazón, nuestra vida. Nos disculpamos demasiado a menudo, como si tuviésemos que sentir vergüenza por el hecho de existir y de tener deseos. Nos dejamos humillar, permitimos a los demás que nos controlen y de esta manera les controlamos a ellos.

«Esto no lo puedo hacer» piensas asustado cuando notas que lo que más te apetece es abandonar el sitio donde estás. Bien, a veces si que puedes. Y da igual que el otro lo entienda o no. No, esto no es un llamamiento a la conducta egoísta y maleducada. Es mucho más, —un llamamiento a que te protejas de forma contundente a huir de la cueva del león en la que has entrado paseando tan bien dispuesta, y de evitar de una vez por todas que se repita esta conducta insoportable. Tú decides cómo lo haces, mediante una constelación familiar, una regresión para ser liberado de tu karma, viajes chamanísticos, una psicoterapia o cualquier otro proceso curativo —lo importante es que aprendas a abandonar este espacio, al menos el espacio interior en el que te dejas herir. Aunque estés metido muy profundamente en el círculo de la adicción, la buena noticia (y la frase más importante de este libro) es la siguiente:

**Si te mantienes abstinente
y superas los síntomas de abstinencia,
irá disminuyendo progresivamente
el miedo que desencadena.**

Eso que tanto temes, este sentimiento que es tan horroroso que prefieres dejarte maltratar, explotar y ser utilizado, antes de volver a sentirlo una sola vez más, disminuye en intensidad y va desapareciendo, si sales del círculo vicioso. El pánico desaparece y recuperas tu vida. Por eso vale la pena hacer este camino tan largo y esto es lo que le confiere un sentido: abandonas la conducta adictiva. Y también el pánico, el vacío, la negra soledad. Desaparecen si dejas de activarlos y recompensarlos una y otra vez. Realmente desaparecen. Sólo por eso te animo a que sigas el camino de los doce pasos.

El décimo paso, te anima a ser sincero, a nada más. Decir tu verdad y sólo tu verdad, no importa cuál sea. Asumir la responsabilidad por aquello que eres y que quieres, a cuidarte para que estés bien y vivir de forma clara y abierta. En la adicción te has ocupado de recibir aquello que pensabas qué necesitabas. Hoy, en el décimo paso, reconoce que no sabes qué es lo que necesitas y dale permiso al Poder Superior para que cuide de ti, de tu bienestar. Pon tu vida en manos del Poder Superior, siendo auténtico y transparente y muéstrate tal como eres, sin ningún tipo de maquillaje y no importa cómo te sientas al hacerlo. Sí, tienes miedo de que te abandonen si te muestras tal como eres. Por suerte, esto no acostumbra a pasar, no te abandonan. Pero incluso si esto sucediese, habrás establecido una relación con la persona que no te va a abandonar nunca y por esto no volverás a estar solo nunca, una relación contigo mismo, con tu Poder Superior, con Dios.

¿Esto significa que tengamos que decir siempre y en todos los sitios nuestra verdad, sin importar a quién podamos ofender? ¿Incluso en la empresa, donde justamente existen normas institucionalizadas que nos muestran claramente cuál es nuestro sitio? Ésta es una pregunta de difícil respuesta y por esto no la respondemos de forma categórica. Necesitamos a nuestro Poder Superior, nuestro animal de poder, nuestro Dios, todo aquello que nos une con nuestro potencial supremo. Debemos de cuidar la relación con estas fuerzas porque es la voz interior la que conoce la respuesta, de forma individualizada, tal como lo requiere la situación.

¿Qué hacemos pues si nos sentimos heridos pero no sabemos si el otro nos ha herido o si hemos reaccionado de forma codependiente? ¿Si nuestra rabia, nuestro enfado, nuestra retirada son adecuados o no?

Las personas codependientes tienen la tendencia a relacionar todas las acciones y reacciones directamente consigo mismas. Supongamos que tu pareja se va a tomar un café al salir del trabajo en vez de ir directamente a casa, entonces te sientes abandonado(a) y piensas que prefiere estar con otra gente a estar en tu compañía. Bien, podría ser que durante ese rato fuera cierto, pero esto no significa en absoluto que te abandone. Si tu pareja no está junto a ti, a pesar de que la necesitas urgentemente, te sientes totalmente solo(a) en el mundo y también en esta situación te sientes de nuevo abandonado(a). De hecho los codependientes se sienten muy a menudo abandonados, traicionados, engañados. Éste es el lado reverso de la máscara de la compasión y disposición a ayudar, que lleva firmemente enganchada. Vamos a repetirlo: SOMOS compasivos y estamos dispuestos a ayudar. Pero a veces utilizamos estas características maravillosas para atar a los demás, los controlamos, nos inmiscuimos en su vida y conseguimos que dependan de nosotros. ¿Qué hacemos, pues, con el dolor de sentirnos solos, abandonados, de no ser lo suficientemente importantes para el otro? Nos preguntamos, qué queda de nosotros, si no cuidamos del otro, para qué buscará nuestra proximidad. ¿Qué nos hace merecedores de amor, quiénes somos si no ayudamos? Tal como lo vemos, nuestro valor para el otro depende fundamentalmente de hasta qué punto nos necesita, así que nos hacemos imprescindibles.

Tienes que afrontar este miedo terrible de no ser Nadie ni Nada si no actúas ayudando. Incluso si parece que no queda nada de ti, cuando apartas este papel de «ayudador». Date el permiso de notar el dolor y el miedo aunque sean muy intensos. Intenta no hacer nada por retener al otro. Déjale ir y afronta el vacío dentro de ti. Poner en marcha maniobras para retenerle, mostrarle lo mucho que vales, cuánto va a encontrarte en falta, son mecanismos de lucha que no sirven de nada. No puedes forzar a nadie a quererte haciendo cosas para ayudarle o haciendo ver que no estás disponible. Éste es un juego muy popular entre hombres y mujeres, pero es eso, un juego. No tiene nada que ver con la auténtica independencia y responsabilidad y menos aún con el amor.

¿Qué puedes hacer, justo en el momento en que aparece el dolor, cuando quieres llamar por teléfono, cuando estas a punto de perder los estribos porque el otro no está disponible?

Primeros auxilios

Ponte cómodo y siéntate, por favor. Sí, ya lo sé, te sientes horriblemente mal. Lo he vivido yo misma. Pero a pesar de ello, siéntelo, esto también eres tú, éste es el momento en el que habitualmente huyes de la relación contigo mismo. Siéntate a tu lado, hazte compañía. Coge tu mano y consuélate. Sí, te sientes fatal, como la Nada, te parece que vas a desaparecer y ya no te sientes, si el otro no te sostiene. Tu nivel de energía cae en picado, todo esto además ya lo conoces, pero esta vez vas a permanecer durante un minuto más en este estado, vas a sobrevivir, no necesitas al otro para seguir viviendo aunque no te lo creas. Aguanta los sentimientos de culpa otro minuto. Crea un espacio para sentirte, también y precisamente en este estado y ahora puedes pedir ayuda. Pide a tu ángel de la guarda, tu Poder Superior, tu Alma que te ayude, que te proteja, que te dé todo lo que necesitas en este momento. Sientas lo que sientas, no le llames por teléfono, mantente abstemio, no corras a auxiliar a otros, aguanta el dolor salvaje, los sentimientos de culpa que te desgarran por dentro durante un rato más, respira... Quédate ahí, sentado contigo mismo, no estás solo. El dolor va cediendo, viene a oleadas, va y viene, puedes con ello, con las oleadas de dolor. No, el dolor es horroroso, pero no puedes cambiar la situación sin vender tu alma. ¿Suena muy dramático? Es dramático y por ello necesitas ayuda. Reza, pide auxilio, coge algo para escribir y escribe cómo te sientes, llora, haz todo lo que tengas que hacer, excepto llamarle por teléfono. Tampoco utilices otra sustancia adictiva, por favor. Medita para el niño interior, si tienes fuerzas para ello. Muy probablemente no puedas hacer otra cosa que estar sentado. Menos mal que tienes el libro entre las manos, estoy contigo, supongo que lo notas. Quédate un momento más contigo. Dale espacio al miedo. No puedes hacer nada para controlar la situación, así que deja de intentarlo. Sé que es tremendamente duro. Aun así, quédate en el lugar. Cierra los ojos y pide

ayuda, déjate inundar por el flujo del Amor, de la plenitud y de la pro-
tección. Todo lo que necesitas está a tu disposición en el haz de la Luz y
de la Fuerza. Cuando consigas pensar con cierta claridad utiliza el sen-
tido común y pide una valoración de tu situación.

Al miedo le gusta mucho utilizar la voz de la razón. Entonces dices «Es que mi mente me confunde». No, no es tu mente, es el miedo. Tu cerebro es un órgano maravilloso, capaz de pensar racionalmente y de juzgar las situaciones de forma racional sin ser influenciado por las emociones. Ahora que las emociones van perdiendo intensidad y que ha pasado el estado de shock, puedes utilizar la corteza frontal para evaluar tu situación. En este proceso tiene mucha importancia la amígdala cerebral.[12] La amígdala es un sistema de alarma muy sensible. Todo lo que registran tus sentidos pasa por ella y si detecta peligros (aunque sean aparentes) se activa el sistema de defensa. La amígdala puede considerar una situación de riesgo vital si en la infancia has tenido vivencias amenazantes. En la infancia el abandono pone en peligro tu supervivencia. El razonamiento lógico viene después de la evaluación emocional. Los impulsos van a parar primero a la amígdala, donde tiene lugar su evaluación y después pasan a la corteza prefrontal. Esto no lo puedes cambiar y además tiene sentido porque ante situaciones de peligro real el cerebro tienen que decidir instantáneamente cómo debemos reaccionar para seguir ilesos.

Si llamas por teléfono, si intentas salvar la situación de esta manera aprendes una y otra vez lo mismo: «Me abandonan, si no me ocupo de llamar la atención». Si le permites al dolor y al miedo a manifestarse en toda su intensidad sin controlarlo, el cerebro experimenta otra cosa: pasa por sí sólo sin que tengas que actuar, las emociones van perdiendo intensidad, sobrevives a la situación. De esta forma aportas otra información a tu cerebro, las neuronas forman nuevas conexiones entre sí y aprendes a manejar esta situación de una forma diferente.

---

12. El nombre viene del griego y significa «corazón de almendra». Esta estructura cerebral recibió este nombre debido a que tiene la forma de dos corazones de almendra dispuestas simétricamente.

Has sobrevivido y aprendes a andar por nuevos caminos para ti. Puedes estar muy orgulloso y empezar a confiar en ti.

¿Qué pasa si alguien de nuestro entorno realmente necesita ayuda o se comporta de forma que parece que sin nuestra ayuda no pueda vivir? El artista, que nos saca dinero, porque debido a su dedicación al arte o a una pausa creativa no tiene dinero para pagar sus facturas, nuestra madre que nos necesita porque no sabe conducir o no se ve con ánimos de ir a alguna administración? ¿Qué hacemos si detectamos que alguien de nuestro entorno nos necesita y empatizamos de tal manera que no podemos hacer otra cosa que ofrecer ayuda, a pesar de que notamos que esto nos desestabiliza?

De entrada volvemos al primer paso: reconocemos que no lo podemos cambiar, estamos atrapados en una situación adictiva. Y a continuación pedimos ayuda. Dejamos estos asuntos en manos de Dios y pedimos fuerza para saber discernir lo que está acorde al Orden Divino. Pedimos tener la fuerza de comportarnos tal como nuestra fuerza divina quiere que lo hagamos y confiamos en ella. No es nuestra tarea tomar todas las decisiones aunque pensemos que lo es. Tampoco cuando creemos tener la llave que pueda abrirle al otro la puerta. Esto no es así.

Necesitamos un contacto bueno y estable con nuestro guía interno, nuestro guía superior, para poderlo oír en situaciones difíciles y para que cuando lo precisamos nos acordemos de preguntarle.

Undécimo paso

Aprende a entrar en contacto con tu voz interior y a hacerle caso

Fortalece tu vínculo con tu Poder Superior, aprende a entrar en contacto con él y a hacerle caso, a él y sólo a él.

Sea cuál sea la situación para todo codependiente hay una frase muy importante: «¿Estoy situado bajo mi haz de fuerza o no?» Con esta pregunta puedes averiguar si estás atrapado en una situación codependiente o si puedes actuar de forma libre. Los codependientes tienden a deformarse tanto interiormente que ya no notan su verdad, pueden llegar a tener tanta comprensión para los demás, que se olvidan totalmente de que también tienen su propia verdad. Puedes aprender a experimentar ambas cosas a la vez: la comprensión para el otro y tu propia verdad. Para sentirte a ti mismo tienes que estar bajo tu haz de fuerza, el haz de tu espíritu, tu voz interior, tu animal de poder, tu Poder Superior, todas aquellas fuerzas que te conectan con tus necesidades y tus puntos de vista. No tienes ninguna oportunidad de poner fin a tu conducta codependiente si no te conectas a tu propia energía, porque algún tipo de aporte de energía necesitas ¿o no?

Así pues lo más lógico es cuidar de este vínculo, establecerlo y mantenerlo. Puesto que si mañana te vuelves a ver atrapado en una conducta codependiente, posiblemente no se te ocurra pedir ayuda a tu guía. Lo deseable es que entrar en contacto con las fuerzas superiores forme parte de tu vida cotidiana. De esta forma estás permanentemente conectado y no tienes que establecer la conexión de forma laboriosa y desesperada cuando precisas ayuda. Necesitas una conexión continua con el Poder Superior. No es un teléfono de emergencias para marcar en situaciones extremas, es una línea gratuita de asistencia continua.

De entrada necesitas contacto con tu parte más vulnerable, el niño interior. Ésta es una meditación que contiene un importante recurso para la curación de la codependencia:

Ir en busca del niño interior

Imagínate una situación en la que actúas de forma codependiente, deja que surja la situación aunque estés pensando en otra cosa. Es una situación en la que necesitas más claridad respecto a lo que siente tu niño interior. Pregúntale qué siente hacia esa persona, tu pareja, tu puesto de trabajo. Observa si se agarra a alguien, si busca a la figura de la madre o del padre en tu pareja o en tu jefe. Posiblemente reconozcas que te gustaría saber soltar y seguir tu camino o estar mas distanciado interiormente, pero tu niño interior se ha colocado frente a él (o ella) y le mira con los ojos bien abiertos como si él (o ella) le pudiese curar o hacer feliz para el resto de la vida. Nosotros sabemos que esto no funciona así, pero el niño interior no lo sabe. Así que observa atentamente si tu niño interior ha escogido un salvador, si se agarra a él y pregúntale qué necesita, qué espera del otro. Incluso si se trata de tu lugar de trabajo puede que el niño haya escogido una persona a la que agarrarse y tú ahora ya no puedas escoger libremente. Puede ser que se esté agarrando a alguien en el que hasta ahora no habías pensado. ¿O quizás tenga miedo de alguien? ¿Tu colega te recuerda a tu severo padre o a tu despectiva madre? Cuando notamos y sabemos que estamos emocionalmente atrapados, es a menudo el niño interior el que busca curación y liberación de la mano de otras personas o que teme ser castigado, avergonzado o despreciado. Mira dónde esta tu niño interior y observa de forma crítica si recibe lo que necesita, si el otro le puede aportar algo y si está dispuesto a hacerlo. Y si el niño interior tiene miedo, si este miedo está justificado y si el otro tiene realmente tanto poder sobre ti. A menudo se trata de heridas antiguas y recuerdos de tiempos remotos. Ve hacia al niño y cuida de él. Si tu niño interior tiene miedo y está allá tiritando, ve hacia él y mira cómo está delante del otro temblando y rígido, esperando el castigo o la humillación, cógele en brazos, dile que te pertenece a ti y solo a ti, que cuidarás de él y vigilarás que nadie le haga daño, que puedes protegerle. Si el otro realmente tiene la intención de herir, dile desde tu Yo-adulto que esto ya no lo vas a permitir y que ya no le permitirás que ejerza su poder. Acoge al niño interior; tu parte adulta es capaz de protegerlo y no tiene miedo.

La custodia del niño es tuya y tienes que cuidarlo, ya no necesitará estar temblando delante de nadie nunca más, no tiene por qué estar a merced del perdón de nadie, pues te tiene a ti. Aunque el otro pueda y quiera darle al niño lo que necesita, te toca a ti hacerlo, a partir de ahora cuidarás de él. Si no, vas a ser tu la que te quedarás buscando, preguntando, dependiente y no serás libre nunca. Así que ve hacia el niño interno, cógelo en brazos y dile lo siguiente (también puedes utilizar tus propias palabras):

«Cariño, yo voy a cuidar de ti, éste(a) no es tu padre (o madre). Puedes quererlo tanto como quieras, pero yo soy quién va a cuidar de ti. Tu lugar está dentro de mí y yo estaré pendiente de ti. Puedes jugar con los demás, te puedes mostrar y estar tanto tiempo con ellos como quieras, si quieres les puedes regalar todo tu amor, pero estás a mi cargo, tu lugar esta dentro de mí y te cuidaré.

Es posible que tu niño interior no se quiera ir contigo. Dile una y otra vez, tantas veces como haga falta, que ése(a) no es su padre ni su madre, que no recibirá lo que realmente necesita a pesar de que el otro se muestre muy cariñoso. Si sigue sin confiar en ti, empieza establecer una relación con él, tómate tu tiempo, escúchale y ahora viene lo más importante, tómate muy en serio lo que te dice.

Abre los ojos muy poco a poco. Es muy útil escribir inmediatamente lo que has experimentado y comprendido para que no se te olvide.

Supongo que has entendido que se trata de rezar de forma consciente cada día (pero sólo este día, hoy), de tomar contacto con tu interior y aprovechar tu vínculo con el Poder Superior. Esto va a representar un gran cambio en tu vida, ya que has abierto una fuente de energía totalmente nueva para ti. Realmente es muy importante que la aproveches y que a partir de ahora te dejes guiar desde dentro. No es tan complicado como muchos se lo puedan imaginar. Todos somos seres espirituales y es un estado totalmente natural estar en contacto con nuestro guía interno y con nuestra energía espiritual, únicamente lo habíamos olvidado. (La manera en la que percibes tu verdad interior no es diferente a lo que ya conocías: esta voz clara, este sentir lo que es correcto y lo que no). Ahora abrimos el canal un poco más y cambiamos el foco: ya habíamos sentido esta sensación «en el vientre», pero la habíamos reconocido como una más de la muchas informaciones (junto con lo que dicen las voces del miedo, de la razón...) que nos llegaban, a partir de ahora nos vamos a guiar según lo que nos dicte «el vientre» y todo lo que hagamos será de acuerdo a él. No sólo escuchamos la voz del corazón, en situaciones de apuro o cuando haya discrepancias, ante todo preguntaremos de forma consciente a nuestro guía interior qué es lo que el corazón quiere de nosotros y decidimos hacer SÓLO LO que nos indica nuestro guía interior, independientemente de cómo nos sintamos. De esta manera ponemos la responsabilidad de nuestra vida en manos de nuestro guía interno, permitimos que nuestra voluntad se ponga al servicio de la voluntad del TODO UNIVERSAL y le sirva. ¿Por qué digo «independientemente de cómo nos sintamos»? Pues porque nuestro cuerpo emocional que se encuentra agitado, en estado de shock, seguro que no obedece con júbilo si la voz clara del corazón nos insta a mostrar mayor transparencia, autenticidad y falta de compromiso. Para nuestro niño interno es mucho pedir que se muestre abiertamente, con sus límites con nuestro «No» y nuestro «Sí». Por eso de entrada debemos custodiarlo para poderlo proteger.

¿Qué significa concretamente seguir a la voz interior o, si queremos formularlo más dramáticamente, seguir la voluntad de Dios? No te dejes impresionar por la palabra «Dios», con ello me refiero a cualquier fuerza de luz que te sirva).

Tienes que saber una cosa: tu Poder Superior se interesa por tu felicidad, por tu bienestar y por tu fuerza de luz. Puedes confiar en ella, pues eres un niño de luz de Dios, que ha bajado a la Tierra para celebrar el Amor y la Alegría de la Creación. Tu Poder Superior sólo te sacará de aquellas situaciones en las que peligran el flujo de tu alegría de vivir y tu ligereza. Te va a guiar hacia una mayor expresión de ti mismo, mayor claridad y amor. Tu Poder Superior no pide nada que tu no estés dispuesto a dar, te va a dar exactamente aquello que te corresponde. Los deseos de tu corazón, tus anhelos más profundos son exactamente lo que te has propuesto y debes realizar en la Tierra. Los deseos de tu corazón son perlas que tu espíritu esparce, las semillas de las que saldrán aquellas plantas que quisieron venir a la Tierra a través de ti. Por favor no temas a la voz de tu alma, te va a llevar a tu paraíso personal, va a ocuparse de que vayas a parar a los lugares y los campos de energía que realmente te llenarán de gozo y donde tendrás la oportunidad de desarrollar todo tu potencial.

Entiendes ahora que no puedes tener mejor defensor de tus auténticos deseos y necesidades que tu Poder Superior, puesto que se expresa y quiere realizarse a través tuyo. La vida quiere esparcirse a través de ti y fluir hacia la tierra y dar frutos y esto se cumplirá tanto más fácilmente cuanto mejor aprendas a seguir a tus impulsos vitales. Así que siéntate cada día unos minutos y practica una forma de meditación que te resulte agradable, si no conoces ninguna, apúntate a un curso. Hay muchísimas maneras de entrar en contacto con tu fuerza creadora, la meditación en silencio o guiada, el yoga, la respiración, la meditación en acción (por ejemplo paseando) o cualquier otra cosa que te sirva. Meditar no es lo mismo que rezar: mediante el rezo hablas y haces peticiones, al menos en la forma convencional del rezo. Al meditar te permites escuchar y reconocer qué es lo que el Poder Superior quiere de ti y no lo que tú quieres de él.

¿Cómo se lleva esto a la practica en la vida cotidiana? Cada día te tomas tu tiempo (no tiene que ser siempre a la misma hora) y te sientas tranquilamente o das un paseo. De esta forma entras en contacto con el Poder Superior y le preguntas qué es lo que quiere hoy de ti, cómo has de manejar tu conducta codependiente, etc. Si hoy tienes una reunión con tu jefe, ya sabes de antemano que te va a costar mantener el contacto contigo mismo cuando lo tengas delante tuyo, así que vas a enviar primero a tu niño interior para que juegue un rato y después pides fuerza e información acerca de cómo puedes manejar la situación. A continuación escucha y mantente abierto a soluciones atípicas si hace falta. Seguramente tu Poder Superior te va a proponer algo que te resulte desconcertante, poco usual y que te saca del patrón habitual. Puede suceder que no te parezca recibir ninguna información, que simplemente «no oigas» nada. En este caso pide ser guiado y vuelve a manifestar tu disposición de cambiar tus conductas codependientes y suelta. Verás cómo cambian las cosas, quizás por tu actitud o por cambios del exterior. Puede que al principio parezca que las cosas empeoren (esto puede suceder, pero no tiene por qué ser así), eso forma parte de ser guiado –posiblemente para que reacciones y por fin digas «No».

Puedes establecer esta conexión tantas veces como sea necesaria. Si estás en una situación complicada, puede ser cada cinco minutos. Los impulsos aparecen en forma de ideas, de señales exteriores, de una situación determinada, de algo que de repente lees. Generalmente los impulsos se muestran mediante una sensación interna apremiante, este «sé que, debería...». Bien, entonces hazlo. Suena fácil y además lo es. Ya no te escudas tras excusas ¿de acuerdo? Ya sabes a lo que me refiero, no se trata de acciones, sentimientos o pensamientos. Piensa y siente qué es lo que quieres. ¡Y hazlo! Tus acciones son las que te van a allanar el camino. Esto no es exactamente así pero cambiar de actitud sin actuar de otra forma no te lleva a ningún sitio. En una adicción a sustancias esto queda más que claro: mientras sigas bebiendo tienes un problema, no importa lo que pienses o sientas. En cambio, si dejas de beber, aunque sigas sintiéndote como un adicto y casi te mate el síndrome de abstinencia tienes una oportunidad de curarte.

Aquí funciona igual. Si aún estas atrapado en la vieja manera de pensar, miedosa y codependiente, pero actúas de otra forma y haces como si estuvieses libre y autónomo, tu energía cambiará rápidamente. Tu cerebro se olvida de los viejos impulsos y pensamientos circulares, ya que quieres ser libre. Tu firme decisión es tu mayor fuerza. Si juntas tu intención con tus acciones, liberas una enorme cantidad de energía sanadora y no importa cómo te sientas y lo que pienses.

Cuando sigo el undécimo paso oigo a menudo dentro de mí la siguiente frase: «Pide ayuda, ábrete a no tener que hacerlo todo sólo». La ayuda puede ser muy concreta y directa pero al mismo tiempo desarrollarse a nivel espiritual. A menudo pensamos de forma demasiado rígida y estrecha de miras. En este paso se trata de la apertura a todas las posibilidades. Estás dispuesto a dejarte guiar, con la firme intención de cuidar bien de ti mismo y de mantenerte bajo tu haz de fuerza. No puedes saber cómo cuidar al mismo tiempo de ti y del otro, puesto que no lo has aprendido nunca. En este paso aprendes a manejar las situaciones de forma flexible, libre y adecuada. Aprendes a seguir el fluir del río, utilizar todos los recursos disponibles y no el viejo programa agotador de pautas codependientes. Para seguir el flujo del río debes confiarte a él. «¿Así, sin más?», preguntarás «¿Sin saber hacia dónde me lleva?». Pero si esto ya lo sabes. Sabes que te lleva a la autonomía, hacia la libertad y a tener relaciones satisfactorias, lo que no sabes es cuáles van a ser las curvas y los giros que te esperan. Pero si conoces el objetivo y sabes que el río te va a llevar hacia relaciones satisfactorias y llenas de felicidad, es fácil confiar en él. Lo primero que hará es sacarte de las viejas relaciones codependientes y éste puede ser un tramo turbulento. Tu Poder Superior tiene un encargo y es alejarte de aquello que no te conviene. Es posible que al principio tengas una sensación de malestar más acusada, que te quiere advertir que se avecinan cambios. La diferencia es que a partir de ahora cuando percibes malestar acudes a tu Poder Superior y pides ayuda, le haces caso y se lo agradeces.

Lo más importante de este paso es que refuerzas la relación contigo mismo mediante la meditación, el rezo y el tiempo de introspección. Meditar y estar colocado bajo el haz de fuerza te convierte en un ser independiente y libre, la esclavitud de la adicción desaparece y puedes pensar con claridad, incluso cuando te sientes solo y abandonado. Simplemente lo sientes y te puedes aceptar con ello, te quedas contigo mismo aunque no te sientas bien en este momento pero no echas mano de una relación codependiente para anestesiarte a ti y a tus sentimientos. Los sentimientos de culpa van desapareciendo y eres capaz de distinguir cuándo algo te beneficia y cuándo simplemente necesitas la energía del otro. La meditación te enseña a estar en contacto contigo mismo, con todo lo que eres, lo que te gusta y lo que no te gusta tanto. Sabes que es un camino largo, pero de entrada vas a notar un gran alivio y la sensación de estar finalmente en el camino correcto para ti.

Seguramente te resultará extraño escuchar la voz del corazón y tu voz interior y se despertarán muchos miedos. No confundas la voz del miedo con la del sentido común. La razón acostumbra a ser mucho más libre y clara de lo que piensas. Es el miedo el que intenta mantenerte pequeño y limitado. Así que no tienes que decidir entre la mente y el corazón, generalmente no dicen cosas demasiado diferentes. Lo que sí debes hacer es dejar al descubierto la voz del miedo que a menudo se disfraza de voz de la razón. Bendícela y respétala, pues a su manera complicada sólo quiere protegerte, pero no le hagas caso.

Es muy útil imaginarte una y otra vez la situación en la que te vas a encontrar y vivirla mentalmente de forma clara y concreta, cuantas más veces mejor. Si quieres puedes hacer el ejercicio de la silla vacía:

Coge dos sillas y colócalas una frente a la otra. Imagínate que en una silla está sentada la persona a la que le quieres poner límites o a la que le quieres decir que está enfadada o lo que sea que le quieras decir; también que le quieres. (¿Te extraña esto? También forma parte de la codependencia no mostrar tu amor por miedo a la reacción del otro, vuelves a dar prioridad a la relación con el otro por encima de la relación contigo mismo. No dices tu verdad por miedo a ser herido. La codependencia es un entramado de diferentes ramas que tienen una base común: niegas tus sentimientos para no poner en peligro la relación con el otro). En la otra silla te sientas tú. ¿Cómo te sientes? ¿Cómo respiras? ¿Cuál es tu postura corporal? Permíte-

te percibirte de forma consciente, mientras el otro está sentado frente a ti
y quizás ya lo sientas amenazante. A continuación pide ayuda a tu
Poder Superior, a tu guía y di lo que tengas que decir. Este ejercicio pue-
de ser muy cansado y puede desencadenar muchos miedos porque quizás
sea la primera vez que dices lo que realmente sientes. Ésta es tu verdad,
lo que realmente sientes y piensas, no importa cuán adecuado, poco eru-
dito o infantil te parezca. Quizás realmente lo sea, pero tienes que empe-
zar por ahí. Si no respetas tus sentimientos, sean los que sean, no pueden
realizar todo el proceso de maduración. Posiblemente le tengas tanto
miedo a tu verdad, que la has negado hasta ahora. Sigue hablando, dile
al otro lo que siempre quisiste decirle. De esta manera te acercarás poco
a poco al núcleo de tus sentimientos y al mismo tiempo de ti mismo. No
importa la reacción del otro, tú te has reencontrado contigo mismo y te
has acercado a tu libertad.

Una situación típicamente codependiente puede ser la siguiente: te
estás ocupando de un asunto que no te incumbe, pero te has compro-
metido a resolverlo, y hasta aquí no hay ningún problema. (Lógicamente nos gusta ayudar a los demás). Mientras te estás ocupando de
ello, por ejemplo supongamos que ayudas en una mudanza, resuelves
un problema con una aseguradora o haces compras, notas que el
asunto es más complicado de lo que te esperabas. No consigues lo que
el otro te ha pedido, la aseguradora no cede, la mudanza es más complicada de lo que parecía. Hasta aquí seguimos bien. Mientras el otro
para el que estas haciendo las gestiones se haga cargo de sus sentimientos y acepte todo lo que sucede, todo va bien. ¿Qué pasa si de
repente se siente desbordado, si no sabe cómo afrontar la situación y
está decepcionado porque no has resuelto lo que el necesitaba?

Ahora se pone en marcha el mecanismo codependiente: en vez de
mantenerte neutral y ver cómo se resuelve el problema, en vez de dejar
la responsabilidad en sus manos, seguir ayudándole pero sin cargar con
todo el trabajo, empiezas a asumir toda la responsabilidad y sobretodo
la de sus reacciones. Está claro que esta carga es demasiado pesada
para ti, porque no puedes cambiar sus reacciones. ¿Conoces esta sensación de estar dando vueltas desesperadamente por la ciudad o por el

supermercado porque no encuentras lo que el otro necesita y sabes que si ni lo encuentra se va a enfadar contigo? Ahora sí que tenemos un problema. ¿Qué te diría tu Poder Superior?

Devuélvele al otro la parte de responsabilidad que le toca, haz lo que puedas para ayudarle pero no cargues con todo el peso energético. Es la energía del otro, la que ha creado esta situación, no la tuya. Si quieres realmente hacer algo para el otro abre tu corazón, envíale compasión, pero no te hagas cargo más allá de tus fuerzas de su niño interior, esto le corresponde a él. Lleva la respiración al corazón y envíale tu amor y tu compasión y eso es todo.

Excepto... excepto que supieses de antemano que este asunto le sobrepasaría y que los cuidados emocionales formaban parte del favor que estabas dispuesto a hacer. En este caso tu conducta no es codependiente si te ocupas de él a nivel energético, pues formaba parte del tema desde un inicio. En este caso tampoco te encuentras mal ni explotada, ésa es la gran diferencia. Codependencia es ayudar en contra de tu propia voluntad. Y ésta es la parte que abandonas.

Evidentemente necesitas personas con las que puedas relacionarte a este nivel sincero y atento. Alguien que intente aprovecharse de ti o conseguir que seas dependiente de él, puede ser un buen maestro, al fin y al cabo has conseguido descifrar tu problema gracias a una relación de este tipo, pero no resulta un buen acompañante en el camino de la sanación. Escoge gente que te pueda dar soporte, que te ayude a no recaer en tu conducta codependiente. No tienes que hacerlo todo tu solo. Busca amigos que te llamen la atención cuando caigas en los viejos patrones, que te digan que no es automáticamente tu responsabilidad si falta algo. Tienes personas a tu alrededor que tienen interés en que te mantengas firme y estable en tu fuerza y que, por respeto a si mismos no se aprovechan de los demás, tampoco si se lo ofreces.

Puedes aceptar ayuda en tu sanación.

Si alguien se lo propone aún se puede aprovechar de mí todo lo que quiera. Consigue que tenga sentimientos de culpa y verás que haré todo lo que me pidas. Pero como sé que esto es así, salgo de la relación en cuanto siento este peso dentro de mí. No dejo que suceda, apartándome. Voy en busca de gente que me recuerda de forma amable que no lo tengo que hacer todo sola, acepto ayuda cuando recaigo en la codependencia. El mundo no es hostil ni está lleno de personas que quieren abusar de ti. Si ésta es tu percepción, es una señal de que estás con personas que ya no te convienen, aléjate de estas personas o al menos del espacio en que actúan estas energías. No te lo puedes permitir si quieres vivir en paz espiritual.

En este paso te haces responsable de tu relación contigo mismo y con el Poder Supremo, que no es otra cosa que la voz de tu propio espíritu. Asumes tu responsabilidad espiritual y le das la máxima prioridad a tu relación contigo mismo y tu Guía Superior. Voy a repetirlo porque sé cuánto miedo tienes de convertirte en un ser egoísta:

Damos prioridad a la relación con nosotros mismos porque somos responsables de nosotros mismos. Si no lo hacemos, descargamos la responsabilidad en los demás.

No puedes seguir a tu voz interior por la simple razón de que no la escuchas. Y dado que por fin tienes una relación contigo mismo, te percibes, te sientes vinculado y sientes que perteneces a tu patria espiritual, puedes dejar que las relaciones con los demás sean exactamente aquello que quieran ser en un momento determinado. De esta manera contribuyes a tu claridad y a la claridad de los demás, le permites al Plan Divino manifestarse a través tuyo y no le añades nada. ÉSTA es la auténtica misión que puedes cumplir en la Tierra, y por eso te causa tanta satisfacción. Si das prioridad a tu relación contigo mismo, con tu guía espiritual, al deber para con Dios, recibirás en recompensa una profunda paz interior.

Duodécimo paso

Transmite tus conocimientos de forma cuidadosa y amorosa a todos aquellos que quieran conocerlos

Cuando finalmente nos encontramos en nuestro propio haz de fuerza, comenzamos a recordar a los demás de forma muy cautelosa que también tienen su propio haz espiritual y campo de fuerza, siguiendo siempre nuestra voz interior y dejándonos guiar por nuestra Fuerza Superior. Además, pedimos a los demás que nos recuerden nuestro propio haz de fuerza si lo abandonamos sin querer.

¿Y porqué deberíamos de hacerlo? ¿No es esto una conducta codependiente? No. Estar disponible para los demás, en el sentido de la Fuerza Mayor, según nos dicta nuestro corazón, es nuestra tarea en la Tierra. ¿Para qué sirve este recurso, de qué forma nos ayuda en nuestra sanación? ¿No deberíamos mantenernos lejos de los demás, evitar a toda costa inmiscuirnos en los asuntos de los otros? Ésta es la verdadera razón por la que debemos transmitir nuestros recursos, puesto que es ahora cuando estamos seguros de que no actuamos desde la codependencia, para distraer nuestro propio dolor.

Antoine de Saint-Exupéry dijo una vez que nos podríamos liberar por el mero hecho de recordarnos mutuamente el sueño que una vez nos inspiró. Si les recuerdas a los demás que disponen de libertad creativa, quizás les hagas justo el favor que necesitan para seguir su propio camino. ¿Pero cómo distingues si te estas metiendo donde nadie te llama y actúas de forma codependiente o si les estas haciendo un auténtico favor? Bien, para esto tenemos un truco fantástico. Se trata de algo bien simple: ¡preguntar! Si no sabes si el otro necesita algo de ti o si quiere conocer tus opiniones y sentimientos, le dejas a él la responsabilidad de averiguar de ti lo que quiera saber. Si te mantiene alejado, respetas sus límites y te ocupas de tu niño interior que posiblemente se sienta herido (y es lógico que lo esté, dale el permiso de estarlo, pues cada «No» es difícil para él, pero no importa porque ahora te tiene a ti), y te mantienes en contacto contigo mismo.

Si te muestras auténtico y transparente, te mantienes fiel a tu verdad y haces aquello que sientes que es sano para ti, entonces recuerdas automáticamente a los demás que también pueden hacerlo. Utilizar la libertad interior y la propia fuerza creativa está acorde con las leyes espirituales y debido a esto la gente que está en contacto contigo empieza a vislumbrar cosas. Forma parte de nosotros estar en contacto con nuestra fuerza espiritual y llevar la luz a la Tierra, esta característica está firmemente anclada en nosotros y por esto estamos aquí. Utiliza siempre el ocho de oro cuando notes que alguien quiere aprovecharse de tu campo energético o sientas que intentas hacer algo para los demás en contra de tu propia voluntad.

Recordarles a los demás su propio haz de fuerza significa, ante todo, darles la libertad de decirte «No». Es fantástico que sepas cuidar bien de ti mismo ¿pero qué pasa si los demás también lo hacen?

En este paso de la sanación tienes que mostrar lo que has aprendido, dejando a los demás la misma libertad de la que ahora dispones. Notarás a menudo que tienes ganas de ejercer el control, que quieres convencer a los demás en la dirección que a ti te interesa, lógicamente por su bien. Aguanta y no lo hagas. Acepta y da exclusivamente aquello que nace de tu propia libertad, no te agarres a nada, suelta a todas las personas y situaciones que has atado a ti energéticamente. Lo que te pertenece, permanecerá contigo. Esto desencadenará miedo, puesto que no sabes qué es lo que te pertenece, pero es necesario que lo hagas, sobre todo en cuanto a la relaciones con los demás.

Deshaz todos los contratos viejos y vacía los almohadones rellenos de la autonomía de ambos.

Crea espacio donde sientas más necesidad de controlar y soporta el dolor cuando venga. Colócate de forma consciente en tu haz espiritual y pregunta al otro «¿Qué quieres realmente?», cuando notes que quiere satisfacerte. Cuestiona cualquier costumbre de vuestra relación o amistad y decide siempre a favor de la autenticidad. Atraviesa una y otra vez el puente hacia la nueva vida y mira si el otro te sigue. La base de cualquier relación sagrada son la claridad, la libertad, y la autonomía, puesto que éstas son las premisas en las que se basa el amor auténtico. Transmite tus conocimientos de forma cuidadosa y amorosa a todos aquellos que quieran conocerlos.

Evidentemente que debemos hacer compromisos. Y los vamos hacer tanto más gustosamente cuanto más libremente los establezcamos. Pero necesitamos la posibilidad de decir «Stop» en cualquier momento y encontrar nuevos caminos. Si queremos darle permiso a la vida para actuar mediante nuestras amistades, familiares y relaciones amorosas, entonces necesitamos firmeza y saber seguro que estamos firmemente anclados en nosotros mismos.

Por supuesto que necesitamos al otro, tenemos deberes comunes por hacer y hemos construido un espacio común sagrado. Pero lo necesitamos porque tenemos misiones espirituales comunes y lo amamos, no para sobrevivir.

Para seguir tu camino a veces tienes que dejar a los otros solos durante un tiempo, a pesar de quererles mucho. Envía un ángel en tu lugar, para no dejar un vacío. Saber que un ángel ocupa tu lugar, actuando con todo el calor dorado y el amor propio de un ángel te pondrá mucho más fácil seguir tu camino. Siempre que quieras darles algo a los demás y no estés personalmente, puedes pedirle al ángel que lo haga en tu lugar. Enciende una vela y envíales tu bendición y tu amor. Puedas hacer muchas cosas por los demás sin estar presente físicamente. (Todos somos seres multidimensionales, podemos cuidar de nosotros mismos y de los demás simultáneamente, si queremos. Sólo enviamos un ángel cuando queremos transmitir calor, compasión o amor). Pide al otro que cuando se vaya, también deje un ángel en su lugar para que no se note el vacío que deja. De esta forma te resultará más fácil dejarle ir. Aunque sólo salgas a cenar mientras tus hijos estén durmiendo, deja un ángel en tu lugar.

Seguro que como tarde ahora entiendes la diferencia entre comportamiento egoísta y autonomía responsable. Sigues de una forma natural tu llamada interna, tu voz interior y al mismo tiempo te cuidas, tal como sabes, de aquellos que quieres. Al contrario de lo que sucede en la codependencia en la que se trata de «esto o lo otro» tus cuidados los prodigas a «esto y lo otro». Asumes tu propia responsabilidad y la de aquellos que quieres, sigues las indicaciones de tu guía interior y te mantienes en tu autenticidad y transparencia. De esta forma también puedes dejar que los otros se mantengan bajo su haz de luz, pues tu fuerza y estabilidad proviene de la Tierra y del espíritu, no de las relaciones con los demás.

Para mí, una situación peligrosa es la siguiente: estoy dando un curso, tengo una frecuencia de energía elevada, doy todo lo que puedo dar, estoy totalmente presente. Esto lo puedo hacer mientras dura el curso. Después ya no. Si en este momento viene alguien con una pregunta personal que además acostumbra a ser complicada y espera de mí que me concentre totalmente en su campo energético y sea capaz de en dos minutos de hacer un análisis completo de su situación, mi sistema se derrumba. Durante el curso estoy totalmente abierta porque si no no siento las energías. Finalizado el curso necesito más de un minuto para retirarme y protegerme. Después del curso estoy desprotegida durante unos 20 minutos y justo en este periodo de tiempo me sucede a menudo que siento que me roban toda la energía, aquellos que no quieren agradecerme simplemente el curso sino quieren o piensan que necesitan aún más de mi energía. Es comprensible, pero de hecho ya no puedo más. Y como siento su necesidad les doy lo que me piden, por encima de mis fuerzas.

Así que, ¿qué se puede hacer en una situación de riesgo ya conocida? Pido ayuda a mi animal de poder, pienso en el ocho de oro y me doy a mi misma un límite de tiempo. Aun así consumo demasiada energía pero ya no me desespero sino que lo acepto. Lo mejor sería que tuviese en cuenta ese tiempo en la planificación, pero conceptualmente no me gusta. Llamo a una especie de guarda de seguridad espiritual y doy lo que aún soy capaz de dar sin entrar en esta situación dramática que me lleva a comer en exceso. También intento evitar la situación avisando a los participantes de que al finalizar el curso ya no estaré a su disposición y que por favor todos hagan sus preguntas en el transcurso del mismo. De esta forma arriesgo no parecer tan amable ni bien dispuesta como pienso que debería para que me quieran como persona que dirige el curso y escritora, pero exactamente ESTO es codependencia.

Si estás en una situación en la que tu corazón no quiere decir «No» a pesar de que emocionalmente y energéticamente estás bajo mínimos, pide ayuda y sé sincero. No hagas como si no pasara nada, muestra tu desgana y al mismo tiempo tu disposición de estar disponible durante un corto periodo de tiempo y sólo si ves que tus esfuerzos tienen sentido y le ayudan al otro en su crecimiento. Sólo si ves que el otro está realmente dispuesto a aprender a ser responsable y hacer uso de su fuerza y autodeterminación, se puede dar más de lo que quieres durante un corto espacio de tiempo, siempre y cuando puedas aguantarlo.

Reconoce que te encuentras en una situación límite, que de hecho no te conviene, pero que a veces no se puede evitar.

Justamente en estas situaciones tienes que cuidarte mucho, tomarte tus ratos de descanso, tener comodidades y evitar todas las interferencias que normalmente puedes tolerar. Lo más importante, sin embargo, es ser muy sincero contigo mismo y tener un buen amigo a tu lado con el que puedes verificar si estas cumpliéndolo. No les preguntes a tus amigos codependientes, todo amor y compasión, (no a los amargados, ni los egocéntricos y menos a los que tienen el síndrome de salvador de la humanidad) si tu conducta aún es adecuada, si sigues en el camino correcto o si ya has vuelto a poner un pie en la codependencia. Evalúate una y otra vez. Queremos estar presentes con toda la compasión para los demás, y los límites con la codependencia no siempre son tan claros y fácilmente detectable. Si estás en una zona gris, lo que a menudo no se puede evitar, repasa tus motivos y comprueba si estás dispuesto a que te ayuden, es decir, confórmate con ayudarte a ti mismo y a los demás.

Seguro que en esta situación te puede ayudar un animal de poder o un guardián. Si te expones a una situación que sabes que es difícil pero que forma parte de tu vida pide ayuda de forma explícita. Tu decisión de cuidar bien de ti mismo y no dejarte arrastrar hacia la adicción es la clave y notarás cuándo es el momento de irte o de pedir ayuda, si no puede ser de otra manera también en contra de aquel al que cuidas.

Siempre me sorprendo alimentando al niño interior de los hombres con los que me relaciono. Durante poco tiempo no hay problema, pero a la larga es excesivo. El problema es que no puedo rechazar a un niño interior porque mi corazón está lleno de compasión. Por eso lo desprendo cuidadosamente de mí y se lo entrego a la diosa griega Artemisa por su aspecto protector y maternal (en Éfeso está representada con muchos pechos), independientemente de si el niño interior quiere o no.

Sobre todo los niños interiores oscuros se agarran a ti cuando les quitas el alimento. Por favor hazlo igualmente, JUSTAMENTE en estos casos. Pónselos al pecho a la Gran Diosa, la Diosa de todas las Diosas o los dejas en brazos de la Virgen María, pero ya no los alimentes con la sangre de tu corazón.

No le sirve a nadie. Y también se lo digo a la personas cuyo niño interior oscuro se ha agarrado a mí (generalmente son los niños interiores oscuros) y que haga lo que le parezca más conveniente. Yo quiero que sea alimentado pero no siempre por mí.

Espero que entiendas que no tienes que hacerlo siempre todo tu solo. Puedes pedir ayuda a las fuerzas espirituales, también para los demás, y puedes abrirte de forma muy concreta para recibir ayuda. Si haces esto eres un ejemplo para los demás porque no estás teniendo una conducta egoísta, es decir no te aíslas para protegerte, ni te hundes en conductas en las que te sacrificas a ti mismo. Tienes en cuenta tus límites sanos y al mismo tiempo abres un espacio y creas la posibilidad de que tu corazón, la parte compasiva, protectora y cuidadora de ti, se manifieste.

De la misma manera que en un avión cuando se produce una situación de emergencia, te tienes que poner primero a ti mismo la máscara de oxígeno y ayudar después a los demás pasajeros (porque sino estarás inconsciente al minuto y no podrás ayudar a nadie), es importante quererse a uno mismo, cuidar bien de uno mismo y compartir toda nuestra plenitud con los demás. Charlie Chaplin lo expresó en el discurso del día de su setenta cumpleaños de forma tan magistral que me gustaría compartir este texto con todos vosotros. Puede que ya lo conozcas, deja que tu sabiduría te inunde y date el permiso de cuidar bien de ti mismo. Eres una parte de Dios y si cuidas bien de ti mismo traes la Luz a la Tierra.

Cuando realmente empecé
a quererme a mí mismo de verdad,
pude percibir
que mi dolor y mi sufrimiento emocional
no son sino una señal
de que voy contra mis propia verdad.
Hoy sé que eso se llama
«Autencidad».

Cuando realmente
empecé a quererme a mí mismo,
comencé a percibir,
cuán ofensivo es
imponer mis deseos,
aún sabiendo que no era el momento,
ni la persona estaba preparada,
incluso si esta persona era yo mismo.
Hoy sé que esto se llama
«Respeto».

Cuando realmente empecé
a quererme a mí mismo,
dejé de desear que mi vida fuera diferente,
y comencé a ver que todo lo que hay a mi alrededor
contribuye a mi crecimiento.
Hoy sé que eso se llama
«**Madurez**».

Cuando realmente empecé
a quererme a mí mismo,
comprendí
que en cualquier circunstancia
estoy en el lugar correcto a la hora correcta,
y que todo lo que sucede es correcto,
a partir de entonces pude estar tranquilo.
Hoy sé que eso se llama
«**Autovaloración**».

Cuando realmente empecé
a quererme a mí mismo,
dejé de robarme mi tiempo libre,
y desistí de hacer grandes planes,
abandoné los proyectos grandiosos
para el futuro.
Hoy sólo hago aquello
que me gusta y me divierte,
lo que amo,
lo que hace reír a mi corazón,
a mi propia manera
y a mi ritmo.
Hoy sé que eso se llama
«**Honestidad**».

Cuando realmente empecé
a quererme a mí mismo,

comencé a librarme
de todo lo que no fuese saludable
comida, personas, cosas, situaciones,
sobre todo cualquier cosa que me hundiera,
lejos de mí mismo.
Al principio lo llamé «**Egoísmo Sano**».
Pero hoy sé que se llama
«**Autovaloración**».

Cuando realmente empecé
a quererme a mí mismo,
desistí de querer
tener siempre la razón,
así me equivoqué menos.
Hoy he reconocido que
esto se llama
«**Sencillez**».

Cuando realmente empecé
a quererme a mí mismo,
me negué a seguir viviendo en el pasado,
y a preocuparme por el futuro.
Ahora vivo en el momento presente,
donde TODO acontece.
Hoy vivo cada día y lo llamo
«**Plenitud**».

Cuando realmente empecé
a quererme a mí mismo,
reconocí que mis pensamientos
pueden atormentarme y enfermarme,
pero pedí ayuda a mi corazón,
mi mente tuvo una gran y valiosa aliada,
a esta unión la llamo hoy
«**Sabiduría del corazón**»

Ya no necesitamos
temer las discusiones,
conflictos y peleas
con nosotros mismos y los demás,
incluso las estrellas
chocan a veces entre sí
y se crean mundos nuevos.
Hoy se que
ESTO es la vida!...

No hay una manera más sencilla de expresarlo. Permitamos que el amor fluya, apartando de nuestra vida todo aquello que no surge del amor.

Te deseo luz, fuerza, y bendiciones para tu camino y me alegro de que este libro te haya acompañado durante un tramo del mismo. Ojalá contribuya a que la Luz se expanda más y más en este y todos los planetas y soles.

Apéndice

En los últimos meses cayó en mis manos un libro muy especial. Se lo recomiendo muy especialmente a las personas que viven en pareja: Rainer Grunert, *Leiden oder Leidenschaft. Warum in Partnerschaften das Begehren verschwindet und wie sie es wiedergewinnen.* (Padecer o pasión. Cómo desaparece el deseo en las parejas y cómo reconquistarlo). Innenwelt Verlag, Colonia 2008.[13]

Este libro se ocupa de la cuestión de cómo una pareja puede seguir teniendo sexo apasionado en vez de caer en una relación de ternura asexual. En el fondo se trata de tu propia fuerza, tu núcleo profundo, de tener límites sanos y claros y de cómo te quieres a ti mismo dentro de la pareja y sabes defenderte, independientemente de que seas hombre o mujer. Es un libro que recomiendo especialmente a los hombres porque está escrito por un hombre.

Lo más importante que puedo recomendarte son los grupos de autoayuda que siguen el método de los doce pasos. Te ofrecen un marco seguro en el que puedes crecer y sanar. Trabajan con los doce recursos que hemos tratado en este libro. Si crees que necesitas ayuda puedes buscar en **www.coda.org/spanish/sp-preamble.php** si hay un grupo cerca de donde vives.

Puedes acudir a una reunión y observar lo que sucede, llévate contigo lo que te sirve y deja atrás aquello en lo que no crees. Yo acudo de

---

13. Este título a fecha de hoy no está traducido al español. *(N. de la T.)*.

vez en cuando, porque tal como vivimos la vida, resulta muy fácil para un codependiente volver a caer en la adicción. Te deseo una buena sanación.

A continuación te ofrezco un listado de grupos de autoayuda que también te pueden ser útiles:

Codependientes Anónimos (CoDA) en España:
www.coda.org/spanish/sppreamble.phphttp://groups.google.
com/group/codependientesysussentimientos

En la siguiente dirección encontrarás referencias de centros de autoayuda para diferentes adicciones en las principales ciudades de España:

www.innatia.com/s/c-centros-de-autoayuda/a-centros-barcelona.html

También pueden ser de tu interés:

www.alcoholicos-anonimos.org/: Alcohólicos Anónimos en España

www.narcoticosanonimos.es*:** Narcóticos Anónimos, una fraternidad internacional para adictos a drogas en general. No se enfoca en las sustancias específicas sino en la adicción a narcóticos como enfermedad.

www.trastornolimite.com/: Autoayuda para personas con trastorno límite de la personalidad.

http://www.familiesanonymous.org/ Familias Anónimas: Autoayuda para los familiares de adictos o personas con conductas incontrolables.

http://www.sexaa.org/Sexo: Adictos Anónimos, una fraternidad de adictos al sexo basada en los Doce Pasos.

http://www.gamblersanonymous.org/ Jugadores Anónimos: fraternidad de autoayuda para los jugadores compulsivos o patológicos.

http://www.oa.org/ **Comedores Compulsivos Anónimos**: la fraternidad de Doce Pasos para los comedores compulsivos, bulímicos y anoréxicos.

http://www.debtorsanonymous.org/ **Deudores Anónimos**: Grupos para los gastadores compulsivos o adictos a las compras.

http://www.ca.org/ **Cocaína Anónimos**: Grupos de autoayuda para la recuperación de la adicción a la cocaína.

http://www.marijuana-anonymous.org/ **Marihuana Anónimos**: fraternidad de recuperación para adictos a la marihuana.

http://www.emotionsanonymous.org/ **Emociones Anónimos**: fraternidad de autoayuda abierta para desórdenes emocionales o comportamientos adictivos en general

Bibliografía en español[14]

- *De la codependencia a la libertad: cara a cara con el miedo.* 2004. Krishnananda (Thomas Trobe, M.D.). ISBN 84-86797-90-X

- *De la confianza ficticia a la confianza real: aprender de las decepciones y las traiciones,* 2007. Krishnanada (Thomas Trobe, M.D.) y Amada (Gitte Demant Trobe). ISBN 978-84-869797-06-5

- *Codependencia. La dependencia controladora. La dependencia sumisa,* 2000. May, Dorothy. ISBN 84-330-1518-4

- *La adicción al amor.* Mellody, Pia, 1997. ISBN 978-84-7720-556-2

---

14. Selección de bibliografía en lengua española *(N. de la T.)*.

- *La codependencia: qué es, de dónde procede, cómo sabotea nuestras vidas.* Mellody, Pia; Millar, Andrea Wells; Millar, J. Keith, 1995. ISBN 978-84-493-15947

Índice

Fórmula de liberación   7

Introducción   9

Los doce pasos   29

Primer paso: admite que has asumido una carga excesiva
    y que no sabes cómo deshacerte de ella   31

Segundo paso: reconoce que dispones de fuerzas útiles
    en tu vida   37

Tercer paso: aprende a confiar en las fuerzas que te apoyan   49

Cuarto paso: reconoce qué es lo que haces para sentir
    que no tienes valor   61

Quinto paso: admite ante ti mismo de qué manera
    te explotas más allá de tus fuerzas   79

Sexto paso: disponte a abandonar las viejas pautas
    de pensamiento y conducta   89

Séptimo paso: pide humildemente ser curado   99

Octavo paso: disponte a reparar todo el mal causado a los
    demás, pero ante todo el que te has causado a ti mismo 105

Noveno paso: date permiso para hacer las paces
    con el pasado y con el presente 113

Décimo paso: reconoce cuándo recaes en los viejos
    patrones de conducta y abandónalos 127

Undécimo paso: aprende a entrar en contacto con
    tu voz interior y a hacerle caso 139

Duodécimo paso: transmite tus conocimientos de forma
    cuidadosa y amorosa a todos aquellos que quieran
    conocerlos 151

Apéndice 161